全国专业技术人员新职业培训教程

数字化管理师

基础知识

人力资源社会保障部专业技术人员管理司　组织编写

中国人事出版社

图书在版编目（CIP）数据

数字化管理师基础知识 / 人力资源社会保障部专业技术人员管理司组织编写. -- 北京：中国人事出版社，2023

全国专业技术人员新职业培训教程

ISBN 978-7-5129-1790-3

Ⅰ.①数… Ⅱ.①人… Ⅲ.①数字技术-应用-企业管理-职业培训-教材 Ⅳ.①F272.7

中国版本图书馆 CIP 数据核字（2022）第 216008 号

中国人事出版社出版发行

（北京市惠新东街 1 号　邮政编码：100029）

*

保定市中画美凯印刷有限公司印刷装订　　新华书店经销

787 毫米 ×1092 毫米　16 开本　11.25 印张　168 千字

2023 年 1 月第 1 版　　2024 年 12 月第 5 次印刷

定价：30.00 元

营销中心电话：400-606-6496

出版社网址：http://www.class.com.cn

版权专有　　侵权必究

如有印装差错，请与本社联系调换：（010）81211666

我社将与版权执法机关配合，大力打击盗印、销售和使用盗版图书活动，敬请广大读者协助举报，经查实将给予举报者奖励。

举报电话：（010）64954652

本书编委会

指导委员会

主　　任：安筱鹏

副 主 任：郭　斌

委　　员：王　丛　赵兴峰　谢婷敏　史　楠

编审委员会

总 编 审：叶　军

副总编审：杨　猛

主　　编：施国辉

编写人员：何　源　穆　羽　张　钊　吴　蕾　张淑英　曾　记　刘诗萌
　　　　　刘　磊

主审人员：孙庚欣　常馨月　秦卫军　王艺树　赵凯丽

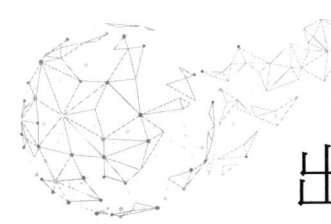

出版说明

当今世界正经历百年未有之大变局,我国正处于实现中华民族伟大复兴关键时期。在全球经济低迷,我国加快形成以国内大循环为主体、国内国际双循环相互促进的新发展格局背景下,数字经济发挥着提振经济的重要作用。党的十九届五中全会提出,要发展战略性新兴产业,推动互联网、大数据、人工智能等同各产业深度融合,推动先进制造业集群发展,构建一批各具特色、优势互补、结构合理的战略性新兴产业增长引擎。"十四五"期间,数字经济将继续快速发展、全面发力,成为我国推动高质量发展的核心动力。

近年来,人工智能、物联网、大数据、云计算、数字化管理、智能制造、工业互联网、虚拟现实、区块链、集成电路等数字技术领域新职业不断涌现,这些新职业从业人员通过不断学习与探索,将推动科技创新、释放巨大能量,推动人们生产生活方式智能化、智慧化、数字化,推动传统产业转型升级,为经济高质量发展注入强劲活力。我国在技术、消费与应用领域具备数字经济创新领先优势,但还存在数字技术人才供给缺口较大、关键核心技术领域自主创新能力不足、数字经济与实体经济融合的深度和广度不够等问题。发展数字经济,推进数字产业化和产业数字化,推动数字经济和实体经济深度融合,急需培育壮大数字技术工程师队伍。

人力资源社会保障部会同有关行业主管部门将陆续制定颁布数字技术领域国家职业标准,坚持以职业活动为导向、以专业能力为核心,遵循人才成长规律,对从业人员的理论知识和专业能力提出综合性引导性培养标准,为加快培育数字技术人才提供基本依据。根据《人力资源社会保障部办公厅关于加强新职业培训工作的通知》(人社厅发〔2021〕28号)要求,为提高新职业培训的针对性、有效性,进一步发挥新职业培训促进更好就业的作用,人力资源社会保障部专业技术人员管理司组织相关领域的专家学者编写了全国专业技术人员新职业培训教程,供相关领域开展新职业培训使用。

本系列教程依据相应国家职业标准和培训大纲编写,划分初级、中级、高级三个等级,有的职业划分若干职业方向。教程紧贴数字技术人员职业活动特点,定位于全国平均水平,且是相关数字技术人员经过继续教育或岗位实践能够达到的水平,突出该职业领域的核心理论知识、主流技术及未来发展要求,为教学活动和培训考核提供规范和引导,将帮助广大有意或正在从事数字技术职业人员改善知识结构、掌握数字技术、提升创新能力。

希望本系列教程的出版,能够在加强数字技术人才队伍建设、推动数字经济快速发展中发挥支持作用。

目 录

绪论 …………………………………………………… 001

第一章 数字化管理的变迁 ………………………… 011
第一节 数字经济的发展 ……………………………… 013
第二节 数字技术的发展 ……………………………… 023
第三节 管理的变革与数字化 ………………………… 034

第二章 数字化组织管理的概念与方法 …………… 047
第一节 数字化组织的概念 …………………………… 049
第二节 数字化组织的结构管理要素 ………………… 055
第三节 数字化组织的人员管理要素 ………………… 061
第四节 数字化组织的机制管理 ……………………… 076
第五节 数字化组织的文化管理 ……………………… 082

第三章 数字化业务管理的体系与架构 …………… 091
第一节 数字化的战略 ………………………………… 093
第二节 数字化技术升级的策略 ……………………… 106
第三节 数字化业务升级的策略 ……………………… 123

第四章　数据管理……139

第一节　认识数据管理……141

第二节　建立数据资产……148

第三节　挖掘数据价值……153

第四节　数据安全管理……158

参考文献……167

后记……169

绪 论

数字经济时代，企业和组织的管理理念、运营方式发生了巨大变革。传统运营管理一个企业或组织是以内部管理为中心，现在演变为以客户为中心，通过数字化打破时空的局限，实现全供应链、全产业链协同。数字经济的发展离不开供给侧数字产业化和应用侧产业数字化的推动，在数实融合的趋势下，产业数字化的规模是数字产业化的5倍以上。在实现产业数字化，推动实体经济场景完成数字化迭代优化的过程中，具备数字化管理能力的人才不可或缺。新职业"数字化管理师"应运而生，他们承担着推动系统数字化、流程数字化、战略数字化，推动企业从投入到产出的全产业链、全价值链的数字化转型，使企业变得更高效并实现业务、营收增长的重要职能。

在数字化的助力之下，社会化大生产"三融"（业务融合、技术融合、数据融合），"五跨"（跨层级、跨地域、跨系统、跨部门、跨业务）特点越来越显著，企业与社会化大生产的生态结合越来越紧密。在生活互联网平台、消费互联网平台、工作互联网平台、产业互联网平台，以及国家公共服务平台上，企业和组织与各类平台融合提高了企业产业链和价值链的效率。在平台开放、普惠的机制引导下，信息公开透明、生产资料普惠共享，专业化和精细化发展成为组织进化的主要方向。

聚焦客户、开源开放、平台融合是一种数字化战略；供应链和产业链的协同、优化内部管理流程是一种数字化战术；选用什么样的技术、产品和系统来实现应用升级是一种数字化工具。这些战略、流程、应用的推广和迭代都依赖于组织能力的发展，取决于组织的数字化人才的数量和质量。

以浙江省政府服务平台为例,"最多跑一次"是浙江省提高行政效能、优化营商环境、建设人民满意的法治政府和服务型政府的战略。行政机关按照"最多跑一次"改革要求,减少办事环节、整合办事材料、缩短办事时限、减免办事费用、优化办事流程并提高办事效率,这是内部流程优化。其最终由"浙里办"等数字化的系统工具来实现。在数字化时代,这种战略的想象力,流程优化的推动力,是一种大智慧和大战略,远远超过了技术服务本身,这就是数字化管理师初、中、高级岗位的价值所在。

因此,数字化管理师新职业的出现,不只是带来了某一个职业,更在无形中改变了整个经济体系。新职业的"新",不仅在于新的职业内涵,更在于新的工作方式、新的商业模式、新的生产方式。数字化管理师作为一项新职业,以其普及性广、覆盖行业多而被更多人认知。随着数字化进一步深化与各行各业的融合,数字化管理师新职业、新技能、新思想,也会与时俱进,逐步创新,我们将会共同参与和见证一个更加繁荣的数字经济新时代。

一、数字化管理师职业描述

(一)职业定义

数字化管理师是指使用数字化智能移动办公平台,进行企业或组织的人员架构搭建、运营流程维护、工作流协同、大数据决策分析、上下游在线化连接,实现企业经营管理在线化、数字化的人员。[①]

(二)专业技术等级

本职业共设三个等级,分别为初级、中级、高级。

(三)专业技术考核要求

——取得初级培训学时证明,并具备以下条件之一者,可申报初级专业技术等级:

(1)取得技术员职称。

(2)具备相关专业大学本科及以上学历(含在读的应届毕业生)。

(3)具备相关专业大学专科学历,从事本职业技术工作满1年。

---

① 《人力资源社会保障部办公厅 工业和信息化部办公厅关于颁布集成电路工程技术人员等7个国家职业技术技能标准的通知》,2021年9月29日。

（4）技工院校毕业生按国家有关规定申报。

——取得中级培训学时证明，并具备以下条件之一者，可申报中级专业技术等级：

（1）取得助理工程师职称后，从事本职业技术工作满2年。

（2）具备大学本科学历，或学士学位，或大学专科学历，取得初级专业技术等级后，从事本职业技术工作满3年。

（3）具备硕士学位或第二学士学位，取得初级专业技术等级后，从事本职业技术工作满1年。

（4）具备相关专业博士学位。

（5）技工院校毕业生按国家有关规定申报。

——取得高级培训学时证明，并具备以下条件之一者，可申报高级专业技术等级：

（1）取得工程师职称后，从事本职业技术工作满3年。

（2）具备硕士学位，或第二学士学位，或大学本科学历，或学士学位，取得中级专业技术等级后，从事本职业技术工作满4年。

（3）具备博士学位，取得中级专业技术等级后，从事本职业技术工作满1年。

（4）技工院校毕业生按国家有关规定申报。

二、数字化管理师职业功能

（一）职业定位

数字化管理并不是一个静止的概念，其内容是随着社会认知的变化、生产力的发展和科学技术水平的提高而不断更新和充实的，它是一个整体的概念。可以说只要存在计划、组织、领导和控制的工作场景里，都存在数字化管理。因此，数字化管理师是一种复合型人才。

数字化管理师在数字化组织中从事管理工作，调动人力、设备等各类资源达成业务目标。因此，数字化管理师的工作涵盖与组织相关的组织管理、沟通管理、协作管理工作；与业务相关的业务流程管理、业务平台管理工作；底层工作都与数据管理相关，如图1所示。

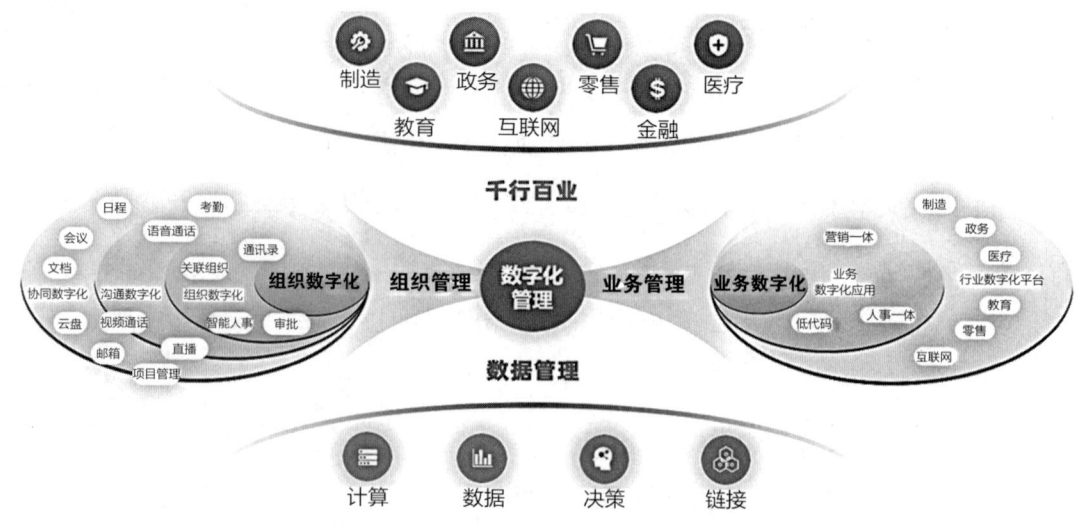

图 1　数字化管理师的基本工作范畴

（二）专业能力要求

按照《数字化管理师国家职业技术技能标准（2021年版）》，初级和中级数字化管理师的职业功能分为数字化组织管理、数字化沟通管理、数字化协同管理、数字化应用开发管理、数据管理五大模块。高级数字化管理师的职业功能分为数字化组织管理、数据管理、数字化平台管理和咨询服务四大模块，见表1。

表 1　专业能力要求

项目	专业技术等级	初级（%）	中级（%）	高级（%）
基本要求	职业道德	5	5	5
	基础知识	20	15	10
相关知识要求	数字化组织管理	20	15	20
	数字化沟通管理	15	10	—
	数字化协同管理	15	10	—
	数字化应用开发管理	15	25	—
	数据管理	10	20	20
	数字化平台管理	—	—	20
	咨询服务	—	—	25
合计		100	100	100

数字化管理师所需要的技能可以划分为两类，分别是数字化技术能力和管理能力。

数字化技术能力是熟练开展数字化工作的基础保障，没有数字化技术就无法称为数字化管理，数字化管理师会大量采用数字技术和工具管理"人、财、物、事"，助力组织内外部成员更高效地提供更加优质的产品和服务，提升组织效能，促进业绩增长。

管理能力是管理者对抽象的、复杂的情况进行思考和概括的能力。数字化管理师要将组织和业务视为一个整体，理解各个子单元之间的关系，思考数字化如何改变管理方式，数字化如何影响战略，如何借助数字化更新流程，如何让产品和服务在数字化时代有更广阔的发展。

不同的管理层级所需要的技能不同，占比也不同。这些技能与管理层级之间的关系如图2所示。

图2　数字化管理师所需基本技能

具体的能力分层可以概括为以下几点。

初级数字化管理师要求熟练使用技术工具以解决管理效率问题。以技术技能为主，特别是搭建具体应用和操作管理软件的能力；以管理技能为辅，能理解这些技术工作背后蕴含的管理理念。

中级数字化管理师要求深度理解技术工具的管理价值以构建数字化路径。技术技能和管理技能同等重要，用管理技能重塑业务流程，用技术技能构建实施落地。

高级数字化管理师要求透彻觉察数字技术与管理的关系以制定数字化战略。以管理技能为主，特别是洞察和制定数字化领域相关战略的能力；技术技能以技术架构搭建、平台建设等指导和规划性工作为主。

（三）主要工作任务

数字化管理师的主要工作任务包含四个方面。

第一，制订数字化办公软件推进计划和实施方案，搭建企业及组织的人员架构，进行扁平、透明、可视化的管理。

第二，进行数字化办公模块的搭建和流程的维护，实现高效安全沟通。

第三，制定企业及组织工作流协同机制，进行知识经验的沉淀和共享；进行业务流程和业务行为的在线化，实现企业和组织的大数据决策分析。

第四，搭建统一的数字化管理平台，打通企业和组织的上下游信息通道，实现组织在线、沟通在线、协同在线、业务在线、生态在线，从而提升组织对外抗风险能力，降低企业管理经营成本。

为完成以上工作，数字化管理师应具有一定的学习能力、计算能力、表达及分析能力、推理和判断能力。

（四）评估指标

管理是一系列协调和管控他人工作的活动。然而，并不是所有的管理活动随时随地都有效，评估管理活动的效果主要从效率和成效这两个维度，如图3所示。在设计数字化管理的方案和路径的时候，需要充分评估其带来的效率和成效的投入产出比，防止为了数字化而数字化。

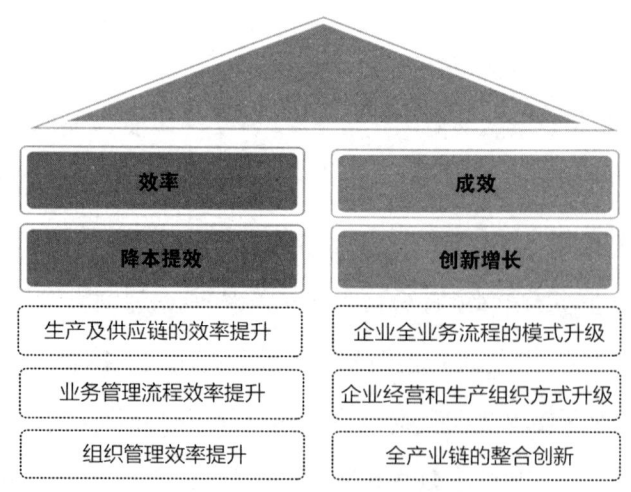

图 3　管理效果的两大评估维度

1. 效率

效率指的是以尽可能少的资源投入获得尽可能多的产出，可以理解为降本提效，也可以理解为"正确地做事"。数字化管理师可以协调的资源对于组织而言都是稀缺资源，如人力、金钱、算力和设备等，引入数字化的工具和方法，可以大幅度降低人员的重复性工作消耗，提高人员的单位产出；也可以节约过程中的差旅成本、纸张成本、运输成本、时间成本等。

2. 成效

仅仅有效率是不够的，成效就是指需要"做正确的事"，即做那些可以实现目标的工作，这也可以理解为"创新增长"。为达成目标，需要不断满足客户的严格要求，需要执行科学的生产流程，需要发现稍纵即逝的市场机遇。通过数字化的方式和方法，可以让产品和服务不断创新，让管理决策更加精准。

三、市场需求

（一）数字化管理师的价值

数字化管理师在企业内部扮演管理、沟通、协调的重要角色，在任务分配、绩效管理、团队协作以及组织内部沟通等方面都将发挥重要作用，帮助企业进行大数据决策分析、上下游在线化连接，如图4所示。对个人

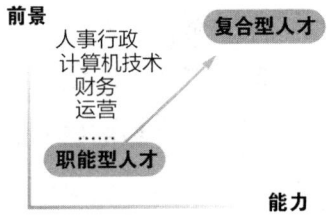

图4　职业关联度分析

而言，数字化管理师是晋升为企业管理层的新渠道，是个人成长、职业发展的新发力点。

因此，数字化管理师的价值，是多方面的。

【个人价值】新的职业选择，形成复合型人才竞争壁垒，拥有良好的就业和薪资前景。

【企业价值】激发企业在组织层面的进化，全面实现人、财、物、事的数字化，助力企业降本增效。

【社会价值】推动各行各业实现数字化转型，进而提升企业乃至社会效能。

（二）数字化管理师的典型案例

1. 初级数字化管理师

陶洋（化名）在浙江省嘉兴市某县农业农村局工作，他不会读写编程代码，却解锁了一项新技能：为部门的同事们开发了20多个办公应用。2年前，浙江省推动政务

数字化改革，他尝试在数字化平台上用拖拉拽的方式搭建了一个"物品领用审批"应用，获得成功，这打开了陶洋通往数字化管理全新工作方式的一扇大门。

这个县离海边不远，每年要做多次台风预警和灾情统计。每当灾情来临，需要在2小时内完成各个乡镇的统计汇报。但灾情数据不仅细致到水稻、小麦、白菜等各品类，而且分为亩数、金额等标准，数据格式不一，计算繁杂，常常令人手忙脚乱。他将"灾情统计"做成了一个小应用，发给几个乡镇汇报灾情的负责人，待各个乡镇填完数据之后，即时生成统计结果。不仅免去了计算的烦琐，而且提高了灾情汇报的时效性。陶洋搭建的管理应用还有行政部门的办公设备维修、农业农村局的进出车辆审批、惠农政策的信息公示审批等。这些数字化管理的全新工作方式，让他们的工作变得更加便捷高效。

初级数字化管理师通过熟练掌握数字化管理工具，提升管理效率，为组织带来全新的工作方式。

2. 中级数字化管理师

崔丹（化名）来自云南一家建筑公司，从事信息化领域的工作超过10年。为解决公司旗下28万名建筑工人实名制管理的问题，他组织发起了一场流程管理变革，搭建了全国首个数字化实名制管理平台，最终实现了一块砖从供应商仓库出库，到建筑公司入库和出库，再到工人实名领料，整个流程全部线上化和数字化。一名建筑工人从入场开始，签署劳动合同、安全培训、进场退场考勤、工资结算全部在一个平台上完成。

从前，许多工地都在采用最原始的管理办法——每天派专人驱车几十千米，到工地现场数人头，记录到施工日志上，纯靠人工难免出错，费时费力还效率低下。而现在，可通过把考勤机、人脸识别技术和现场管理相结合，构建"建筑工人实名制数字化管理平台"，工人身份信息录入系统，还可回传到云南省政府相关的数据库。他把工人的薪酬数据与银行系统打通，实现公司为建筑工人直接代发工资、集体投保。他将平台信息和保险公司系统打通，实现由公司统一为每一位入场登记的建筑工人自动投保。工人哪怕只进场一天，也可以获得保险保障，离场后自动结算保险。

后续，他进一步构建了项目管理、合同管理、物料管理、费用管理、财务账款、施工管理、文档管理及统计分析等数字化应用，进行了统一设计和搭建，打破了原有的"信息孤岛"的局面。他从建设工程项目建造全过程和全生命周期考虑，搭建一体化设计、生产、管理的信息沟通和协同平台。这些项目的实施，成为行业流程数字化的标杆典范，也让崔丹成为行业内的专家人物。

中级数字化管理师能重塑业务流程并构建数字化实施落地的路径，用技术和管理共同驱动变革发生。

3. 高级数字化管理师

阮健（化名）是全国知名日化集团公司的数字化负责人，他曾任多家知名民企的首席信息官。随着数字经济的浪潮来临，这家日化集团的数字化进程面临着互联网跨界的竞争压力，传统的信息化无法支撑业务的快速发展，单纯的工具平台无法提升组织的效率，数据的激增也没有带来业务层面明显的改变。因而集团的IT部门决心迈向产业互联化、组织生态化、业务智能化，将原有的IT部门转型为"数智中心"。

依据集团"大生态云协作"的数字化理念，他决定建立集团统一的数字化管理平台，让集团从关注流程在线，走向关注组织在线、业务在线和生态协同。同时，他决定将"沟通即业务，数据即能力"的数字化管理思想落地，将业务应用变得更为轻便灵活，使整个业务构建在沟通协同在线的基础上。

他将渠道端、营销端、物流端等业务模块集体"上云"，利用数据驱动的方式，帮助企业实现数据价值的转型。比如，一个300万元的销售目标，可以用组织和架构的方式对其实现分组拆解，企业可通过库存满足率、发货及时率、费用核销率、物料下发率等几个核心指标的在线化，实现关键节点的效率提升和自我改善。

现在，任何一个决策者都可以在数字化管理平台上随时看到数据的变化情况。一旦其发现存在业务风险的异常订单，就可以直接调用平台的消息能力分享给数据后台，用提醒工具告知对方，最终实现风险点的同步、规避、提醒和预警。

阮健作为高级数字化管理师，在公司层面制定统一的数字化战略，并构建了一系列的业务和技术实施框架，最终帮助公司从流程时代的链式业务运营，即严格按照流程的信息传递与组织协作，走向了数字时代——以用户为中心的网状的多维连接及协同的业务网络。

随着数字化管理的技术和理念不断进步，数字化管理师在各自行业岗位的价值会更加凸显。

（三）数字化管理师的职业前景

以云计算、大数据、人工智能为代表的新一代数字技术，正推动着中国互联网的发展进入数字经济时代的深水区。数据显示，2012—2021 年，中国数字经济规模从 11 万亿元增长到 45 万亿元以上，数字经济占国内生产总值比重由 21.6% 提升至 39.8%。根据国际数据公司预测，未来 3~5 年，全球数字经济的比重将超过 50%。

数字经济的发展，需要更多全价值链数字化的企业来推动，而企业的数字化转型，离不开数字化管理师，数字化管理师在新经济中具有广阔前景，市场需求量和从业数量将呈现井喷式增长。

未来，数字化管理师在企业内部将会扮演管理、沟通、协调的重要角色，在任务分配、绩效管理、团队协作以及组织内部沟通等方面都将发挥重要作用，推动企业进入云和移动时代。

第一章
数字化管理的变迁

　　科学技术是第一生产力,生产力的发展推动生产关系的变化。协同办公平台、智能设备、软件应用等技术产品走入工作场景,给组织的经营管理带来革新性改变,使人们的工作方式发生巨大变化。数字化的管理场景下,时间和空间的壁垒被击破,管理决策依据的局限性被破除,社会化大生产更高效,社会化大协同更便捷,创新创业更简单。

　　本章对数字经济的发展趋势,数字技术的基础模块,以及数字技术对传统管理带来的影响作出整体概述,为读者提供总体认知的知识框架。

第一节 数字经济的发展

数字经济是以数据资源为关键要素,以现代信息网络为主要载体,以信息通信技术融合应用、全要素数字化转型为重要推动力,促进公平与效率更加统一的新经济形态。数字经济发展速度快、辐射范围广、影响程度深,正推动生产方式、生活方式和治理方式深刻变革,成为重组全球要素资源、重塑全球经济结构、改变全球竞争格局的关键力量。

数字经济的核心是数字产业化,数字产业化是数字技术带来的全新产品和服务,如电子信息制造业、信息通信业、软件服务业、互联网业等,都是在数字技术出现后才蓬勃发展的产业。

数字经济的另一方面是产业数字化,是利用数字化技术对传统产业进行全方位、全角度、全链条的改造,促进产业结构优化升级,这是提高我国经济综合竞争力的关键举措。数字化技术对经济发展具有独特的放大、叠加、倍增作用。研究成果表明,数字化程度每提高 10%,人均 GDP(国内生产总值)增长 0.5%~0.62%。产业数字化以"鼎新"带动"革故",以增量带动存量,通过推动互联网、大数据、人工智能和实体经济深度融合,提高全要素生产率。这种融合极大地降低社会交易成本,提高资源优化配置效率,提高产品、企业、产业附加值,推动社会生产力快速发展,同时为国家实现超越性发展提供技术基础。

数字经济也称智能经济,是工业 4.0 或后工业经济的本质特征,是"信息经济—知识经济—智慧经济"的核心要素。正是得益于数字经济提供的历史机遇,我国得以在许多领域实现超越性发展。

一、从信息化到数字化

数字经济源于信息化时代，自20世纪70年代以来，以计算机为重要载体的信息技术逐步演进到以云和移动为代表的数字经济，这是一种以人类资源和智慧联网为主要特征的新经济模式，数字经济的概念被越来越多的人所接受。数字经济的发展是同信息技术尤其是互联网技术的广泛应用分不开的，也是同传统经济的逐步数字化、网络化、智能化发展分不开的。

信息化和数字化的基石是智能工具和数据构画。智能工具获取数据，数据构画通过软件和算法处理数据，处理的结果再反馈到智能工具从而对人和设备产生影响。

人们经常听到的大数据、云计算、5G（第五代移动通信技术）、人工智能、物联网是数字化时代的技术特征。智能设备的移动化、物联网化，让更多的数据被生产出来；5G技术能低时延、高带宽传输数据，促进数据融合；大数据和云计算技术能让海量的数据得到存储和计算，发挥价值，甚至进化出AI（人工智能）的能力，帮助人和设备提高决策效率和决策准确性。有专家提出了数字化的三个特征：实时、海量、多维。

数字经济的发展对包括业务竞争战略、组织结构和文化在内的管理实践带来了巨大的冲击。随着先进的网络技术被应用于实践，关于时间和空间的旧有观念迎来了真正的挑战。企业组织正在努力想办法整合与顾客、供应商、合作伙伴在数据、信息系统、工作流程和工作实务等方面的业务，而他们又都有各自不同的标准、协议、传统、需要、激励和工作流程。任何一个新时代都是机遇与挑战并存的。

以数字技术为代表的高新技术突飞猛进，以数字化和数字化产业发展水平为主要特征的综合国力竞争日趋激烈。可以说，当前世界正发生着人类有史以来最为迅速、广泛、深刻的变化。数字化对经济发展和社会进步带来的深刻影响，引起了世界各国的普遍关注，各国都十分重视数字化，把加快推进数字化作为经济和社会发展的战略任务。数字革命创造的产业可能是一种战略性的产业重塑。

在我国，数字经济多次被写入《政府工作报告》，从2017年的"促进数字经济加快成长"、2019 年的"壮大数字经济"、2020 年的"打造数字经济新优势",到 2021 年的"加快数字化发展,建设数字中国",再到 2022 年的"促进数字经济发展,加强数字中国建设整体布局"。

2022 年《政府工作报告》提出,促进数字经济发展,包括加强数字中国建设整体布局;建设数字信息基础设施,推进 5G 规模化应用,促进产业数字化转型,发展智慧城市、数字乡村;加快发展工业互联网,培育壮大集成电路、人工智能等数字产业,提升关键软硬件技术创新和供给能力;完善数字经济治理,释放数据要素潜力,更好赋能经济发展、丰富人民生活。

数字经济的内涵和定义被不断地丰富和具体化,数字化治理体系正在构建。我国数字化治理正处在用数字技术治理到对数字技术治理、再到构建数字经济治理体系的深度变革中。

二、数字经济下的用户需求变化

21 世纪的前二十年是中国数字经济下互联网技术高速发展的二十年。互联网让人和人的距离变得越来越近,使社会化大生产的协同变得越来越高效。当下的互联网主要由五张网组成,如图 1-1 所示。

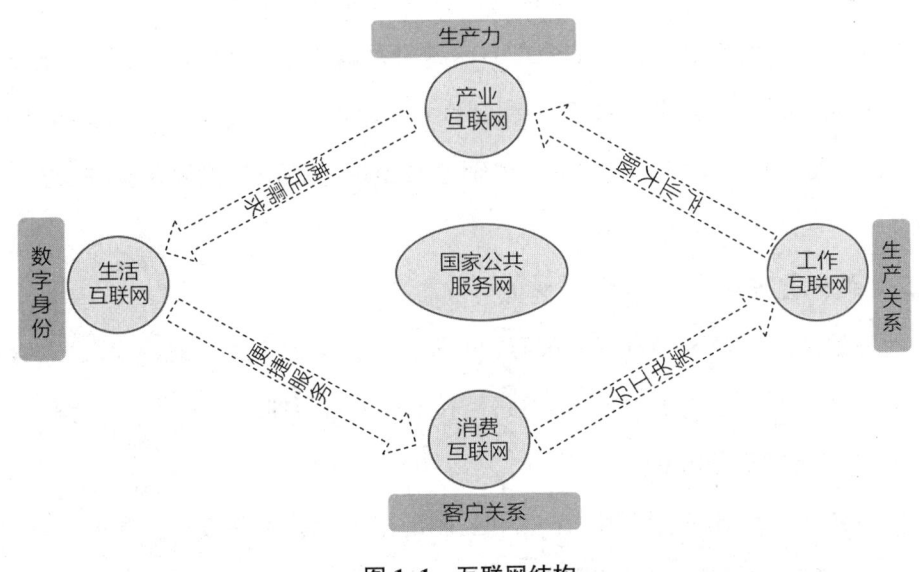

图 1-1　互联网结构

（一）五张网组成的互联网结构

1. 生活互联网

人们通过微信、抖音、支付宝等"生活互联网"获得一个数字身份，实现人与人、人与服务的链接。

2. 消费互联网

淘宝、天猫、美团、京东、拼多多等"消费互联网"跨越时间和空间给普通用户提供了商品和生活服务，不仅在平台内自闭环，也作为服务链接到生活互联网。

3. 工作互联网

在生活和消费互联网上提供实物和非实物服务之后，服务的提供方可以通过"工作互联网"来协调物流、资金、售后服务和"产业互联网"的生产制造，以更好、更快捷地满足用户需求。

4. 产业互联网

产业互联网是在生产制造过程中，对内从原材料到机器设备、生产过程、仓库物流等进行整合，对外对整个供应链和产业链进行整合，以深度提高产业链的效率。

5. 国家公共服务网

国家公共服务网在提供公共服务的同时，也会通过社会治理对以上四个互联网进行指导、协调和监督，是治理能力和治理体系现代化的重要手段。

在数字经济发展与数据安全平衡之下，目前大多数生活互联网和消费互联网在公共平台上，大多数工作互联网和产业互联网由企业和组织独立建设，企业和组织自主配置本地/公域/混合网络，这样可以清晰定义公域和私域的边界，实现安全和效率的平衡。

（二）用户需求变化

伴随着五张网长大的"00后"甚至"95后"，都是数字原生的一代人，互联网丰沛的资源改变了他们的时间分配、学习路径和工作消费习惯。

1. 用户需求向多元化发展

互联网和社交网络提供了用户表达和互动的多元化技术手段，这些多元化的需求加速了互联网用户的大数据积累。组织通过对用户大数据进行采集和分析，可以进行多维度的用户洞察，并针对性地提供差异化服务，从而进一步刺激个性化需求的发展。

2. 组织的生产服务向个性化发展

传统的产品和服务生产制造模式因为较难了解用户的需求，所以采用了大规模、标准化生产，以此提高生产效率和降低成本。而随着经济的快速发展，社会文化的丰富，越来越多的人追求差异性和自我满足。同时，在数字化时代，企业通过互联网和大数据，可以汇聚来自不同区域、不同用户的个性化需求，甚至以预售的模式，接近按需生产，从而降低因小规模定制带来的生产和分发成本，提高产品和服务的黏性。

3. 组织开始注重用户的体验

随着居民可支配收入的提高，物资的极大丰富，人们从更多对物质的追求改变为更多对精神的需求，他们更追求消费和工作的精神体验，追求品质、情感、品牌故事和环境体验。因此，组织亟须建立一种用于用户沟通并触达用户情感的跨场景的基础设施，建立随时随地的服务触点。

4. 组织的反应和反馈效率极大提升

随着时代的发展，用户对服务响应时间的要求越来越高，各类数字化工具不仅是用户向组织反馈问题、提出需求的通道，也是组织成员接收问题反馈和工单的智能助理。这让组织所有成员的行动力大大提高，可以及时有序地安排工作，避免焦虑。

5. 用户的生活和工作空间变得灵活

伴随着互联网的发展，全球化供应、全球化服务、全球化协同大生产在不断拓宽，全球化需求也不断被激发，用户越来越习惯于在虚拟空间中拓展自己的协同边界，让自己的梦想变成现实。

由于用户需求的瞬息万变，用户作为未来管理的主体，也是管理的客体，是组织的核心。未来组织的关键职能就是赋能，快速地感知用户需求，愉快地、充满创造力地开发产品和提供服务。我们可以看到，整个社会的知识沉淀和传播速度越来越快，个体的创造力正在被充分地激发出来。这让不同组织的人才培养与管理模式发生巨大的变化，促使国家政策、社会制度、服务流程不断变化和革新，"人尽其才""让优秀被看见"成为风向，更多优秀的人才正在各自的岗位上贡献力量。

三、数字经济下的竞争格局变化

在数字经济中，数字化平台和工具快速发展，市场竞争格局发生了根本性变化，竞争的规则被改写，企业可以从更大的格局思考，而那些僵化不变的企业将被逐步淘汰。

（一）平台模式

今天几乎所有的个人和组织都和平台模式相关，并且融入程度越来越深。

生活中，有各种生活服务平台；学习中，线上搜索相关知识已经成为"00后"学习的优先获取方式；工作中，中国有过亿的灵活就业者由平台算法直接驱动工作安排；创业中，资金有国家统一信用平台，物流有各大物流平台提供，生产有工业互联网平台；政策咨询与办事有"国家政务服务平台"，以及各省市的"粤省事""浙里办""渝快办"等省级服务平台。大量企业和组织正与平台合作，企业内部员工由平台的销售和服务动作间接驱动，成为整个社会化大协同链条的一部分。

由于个体的脑力是有限的，所以更多时候是平台根据程序决策的算法机制，主动给人们做应用排序，推送对应的服务工单，帮助人们提高决策效率。平台融合的个体越多，知识储备越丰富，流程机制越完善，越能够形成"网络协同效应"，这会让人与平台互动得更紧密。

（二）"专精特新"

数字技术打破时空的界限，数字化平台带来信息的集聚，天然可以消除信息不对称。原来靠信息不对称、发展不均衡来获得优先发展机会的企业和组织的发展空间会越来越小，而最终获得成功的一定是有独特优势的"专精特新"企业，并且他们能够利用平台来弥补自身的短板领域，减少非核心领域的投资，不断强化自身的战略优势。

"专精特新"是指中小企业具备专业化、精细化、特色化、新颖化的特征。2018年，工业和信息化部发布《关于开展专精特新"小巨人"企业培育工作的通知》，从重点领域、专业化程度、创新能力等多个方面对申报条件作出严格要求。2021年7月30日召开的中共中央政治局会议更是首次将"发展专精特新中小企业"提升至国家层面。

2021年1月23日，财政部、工业和信息化部联合印发《关于支持"专精特新"中小企业高质量发展的通知》，启动中央财政支持"专精特新"中小企业高质量发展政策。"专精特新"企业是未来产业链的重要支撑，是强链补链的主力军。我国"专精特新"企业超过4万家，其中"小巨人"企业达4 762家，平均拥有50项以上专利，超六成集中在工业基础领域，超七成深耕细分行业10年以上。"专精特新"企业将为推动经济高质量发展注入源源不断的动力。

（三）生态系统竞合

市场在发生变化，市场上的供求关系在发生变化，市场上的竞争对手也面临着重新洗牌。市场竞争可以分为三个阶段，如图1-2所示。

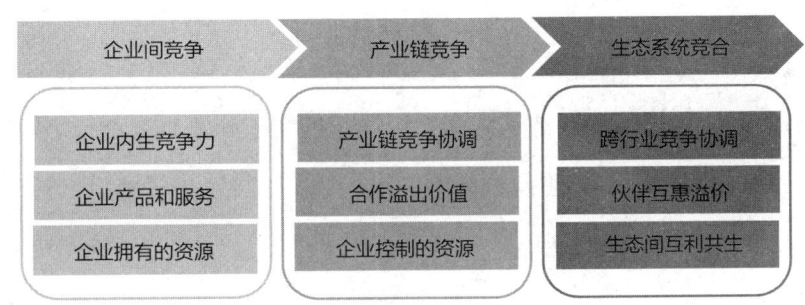

图1-2 市场竞争的三个阶段

企业间竞争主要是以企业业务为边界展开的竞争。企业基于自身所拥有的资源，围绕自身的产品和服务展开竞争，最终可能促进产品和服务的品质提升。例如，大众和丰田之间相持几十年的竞争就是典型的企业间竞争。

产业链竞争主要是指以产业链上下游为边界展开的竞争。产业链上的企业通过控制和影响一些资源，围绕原材料、生产、加工、销售等全部链路展开竞争，最终使产业链上下游获得合作带来的溢价效应。

生态系统竞合主要是指企业与用户、生态伙伴共同搭建一个生态系统，通过整合生态伙伴的资源和影响力，使系统中的每家企业都有独特的位置和竞争力，并进行官方合作，实现互利共赢。在未来的市场竞争中，能够让企业可持续发展的不是"单打独斗"，而是生态协同。

数字技术的发展加速了市场竞争格局的变化，产业链竞争和生态系统竞合愈演愈烈，这就对企业管理提出了新的要求。由于平台和生态系统的存在和影响，中小企业将更多依赖于生态系统的发展，而大型企业之间的竞争则是比拼如何打造生态合作伙伴之间自由开放的沟通协作平台，这是生态系统竞合的重中之重。

（四）全渠道与多维综合能力

渠道是连接生产者和销售端的通路，线上渠道由于成本低、价格透明，取得了迅猛的发展，对线下渠道产生了巨大的冲击。面对线上线下渠道冲突的问题，品牌商开始探索线上线下渠道的整合和共享，包括生产计划、供应链管理、会员体系、销售政策等，从而实现线上线下双向引流，规模化带来成本的降低。

四、数字经济下的产业环境变迁

在数字经济中，经济结构、技术、资金、布局等因素不断变化，影响产业环境的变化。《中华人民共和国国民经济和社会发展第十四个五年规划和2035年远景目标纲要》提到"加快数字化发展，建设数字中国"，要发挥数字化优势赋能传统产业，提高生产效率，降低全社会流通成本，构筑全新国家产业竞争优势，这些规划加快了产业的发展。

（一）从高速增长阶段向高质量发展阶段的转变

当前，我国经济已由高速增长阶段转向高质量发展阶段，主要有三个特征：第一，供给侧改革从数量追赶转向质量追赶；第二，"专精特新"从规模扩张转向结构升级；第三，建立全国统一大市场，打造统一的要素和资源市场，从要素驱动转向创新驱动。

现阶段，制约创新驱动和要素流动的壁垒仍然存在。例如，科技创新仍存在"碎片化"问题和"孤岛"现象，难以推动产业的创新协同发展。区域或行业的壁垒在一定程度上阻碍了资金、技术、劳动、数据等生产要素自由流动和优化配置。

从数量到质量的转变，以数字经济的发展带动实体经济的高质量发展，实现实体经济的数字化，已成为世界经济增长的潜力所在。数字农业能有效解决传统农业在实现农业生产标准化、精细化、规模化和农产品市场化中间的痛点、难点。工业互联网作为数字基础设施，以数据驱动，利用数据监测生产和商业规律运行，促进工业互联网和消费互联网融合，整体赋能制造企业的转型。在医疗领域，数字孪生和全息技术相融合共同支持云医疗服务，成为健康监测、疾病诊断、远程医疗的有效辅助手段，并成为促进公共卫生监控体系升级、驱动医疗医药研发提效的重要手段。数字政府通过电子政务基础设施的建设，能有效整合资源，为居民、企事业单位提供便捷、高效、透明的服务，为政府智能决策和政策制定提供支持。

（二）从消费侧数字化融合向全产业链数字化融合转变

2020年，我国消费侧数字化程度全球领先，网购人群数量全球第一（约7.82亿人），移动支付规模全球第一，网络零售规模全球第一，快递物流数据全球第一。但相对来说，我国供给侧数字化程度还比较低，数字化工厂比例远低于欧美国家，柔性生产、定制化生产能力不足，供应链体系数字化能力不够，这样的势能推动互联网加速从消费侧的消费互联网向全产业链的产业互联网进化。产业互联网的发展将激发供给侧数字化转型的浪潮，把电商、物流、支付、制造、应用软件、数据分析等能力低成本地赋能给千千万万的企业。与消费互联网注重流量红利不同，产业互联网更注重效率价值，这样的效率价值不是一成不变的，而是企业根据市场和组织能力的变化，不断打磨迭代的。在此过程中，企业的战略、业务流程、信息化系统不断升级迭代，以提高全要素的生产效率。

过去讲产业信息化就是上一个系统，主要是信息部门的职责。但今天不一样，绝大部分用户已经在互联网上，如何服务好这批用户已经成为企业和组织的战略，围绕这个战略，企业和组织内部的绝大部分流程要重新梳理和修改，最后再来选择某个系统来支撑这些流程高效运营。

比如，浙江省提出的"最多跑一次"战略。为了优化营商环境，打造服务型政府，让企业和老百姓不跑路、少跑路，政府各个部门的大部分流程进行了重新梳理、优化，尤其是跨部门的流程，把复杂留在内部，把便利留给老百姓，最后把便民服务应用汇集到"浙里办"，把内部协同办公汇聚到"浙政钉"，通过"数据跑路"代替"脚动跑路"。

（三）从劳动密集型主导向资金和技术密集型主导转变

有经济学家提出"雁阵模式"，即随着生产要素成本上升，生活水平不断提升，发达国家逐渐丧失在劳动密集型产业上的优势，劳动密集型产业从发达国家向发展中国家梯次转移，这是产业在国家间转移的主要推动力。

当前，我国的技术创新能力不断增强，成长出一大批具有国际竞争力的创新型企业，我国全球创新指数排名从十年前的第34位提升到现在的第12位，成功进入创新型国家行列。

1. 高新技术产业体量更大

我国高技术产业营收从2012年的9.95万亿元，增长到2021年的19.91万亿元；规模以上高技术制造业工业企业数量从2012年的2.46万家，增长到2021年的4.14万家。

2. 高技术产品质量更优

我国的平板电视、无人机、智能手机、太阳能光伏等产品深受国际市场青睐，中国高铁、第三代核电、载人航天、北斗导航等大国重器成为国家新名片。

3. 高技术产业基础更牢

国内发明专利、PCT（专利合作条约）国际申请量跃居全球第一，我国建成全球规模最大的5G网络，2021年网民人数达到10.32亿人，连续9年成为全球规模最大的网络零售市场。

4. 创新创业创造活力更强

十年来，我国大力深化体制机制改革，营造良好创新环境，成为全球高度活跃的创新创业沃土。我国数字经济蓬勃发展，规模已位居全球第二。人工智能、区块链、量子通信、智能驾驶等新技术开发应用走在全球前列，快递外卖、互联网医疗、线上办公等新业态、新模式层出不穷，创造了数以亿计的灵活就业岗位。

下一步我国将深入实施创新驱动发展战略，把创新作为引领发展的第一动力，把科技自立自强作为国家发展的战略支撑，统筹发展和安全，发挥新型举国体制优势，打造国家发展的战略科技力量，强化企业创新主体地位，抓重大、抓尖端、抓基本，不断优化创新创业创造生态，为早日跻身创新型国家前列、建成世界科技强国不懈奋斗。

（四）从本地产业链布局向全球产业链布局转变

随着经济全球化的持续推进，我国企业的品牌、制造、研发和供应链管理竞争力不断提升，我国企业不再仅作为制造工厂向全球市场提供产品，而是同时提供研发、品牌和市场拓展能力，产业链正从本地布局向全球布局演变。

随着数字化的发展，云计算、区块链等技术不仅能向企业提供服务产业链全球布局的算力、存储、网络、安全等资源，而且能提供可靠易用的云平台、全局智能的大数据、云端一体的智联网，随时随地的协同办公，降低了企业产业链全球布局的门槛。

第二节　数字技术的发展

随着数字技术的发展和应用，技术架构、技术开发、技术应用都在发生革命性的变化，新技术体系的应用是组织业务创新和管理变革的重要驱动力。

一、技术架构

技术架构正在进行大迁徙，云化、数据化、移动化、智能化是其主要趋势。企业和组织要顺应这些趋势以有效应对复杂多变的外部环境，并进行业务创新和管理变革。

（一）从传统信息技术架构向云原生数字化架构转变

随着社会化大协同的发展，面对跨部门、跨组织、跨地域的复杂环境和个性化、多样化的用户需求，为了有效支撑企业和组织的技术创新、产品创新、业务创新、组织创新和管理创新，数字技术架构也进入了大迁徙阶段，正在经历从传统IT（信息技术）架构向基于互联网、物联网、云计算、大数据、人工智能、区块链等新技术的云原生数字化新技术架构迁徙。传统IT架构和云原生数字化架构的差异见表1-1。

表 1-1　　　　　　　　　技术架构的发展变化

对比维度	传统的 IT 架构	云原生数字化架构
负责人	首席技术官（CTO）/首席信息官（CIO）负责	首席执行官（CEO）/首席运营官（COO）负责
应用重点	业务数据化	数据业务化
架构部署	本地服务器	全面云化
连接关系	独立系统	平台架构，互联互通
数据	数据孤岛	数据统一
开发	定制式、封闭式、从头开始	开放式、调用式
驱动机制	以业务功能需求为主导	以用户需求为主导
交付模式	局部、单一工具交付	全局、系统性架构
核心构成	基于硬件和软件应用	数据+算力+算法赋能
思维模式	管理思维	用户思维
应用范围	系统数字化	战略、流程全链路数字化

（二）从服务器/客户端向云边端一体化、数字化操作系统转变

传统的 IT 技术架构，由服务器操作系统和客户端程序组成，而当下技术平台是由云计算、服务平台、边缘计算和终端一体化融合而成的数字化操作系统。云计算平台为计算机端、移动端等提供云服务能力，让这些终端具备云端极致的算力、大规模存储能力、高度安全能力。同时企业和组织还可以根据平台企业提供的 PaaS（平台即服务）平台、数据和接口，分节奏地打造统一的组织数字化和业务数字化应用的业务中台、组织中台和数据中台，为业务和组织赋能。边缘计算让部分算力在本地实现，提供低延时的服务并降低对网络的消耗，物联网设备实现数据的采集和处理，并将数据上传到云上，通过与云平台协同进行大规模计算。云边端一体化能发挥数字化、网络化和智能化的能力，让万物互联、万物皆有算力，为组织应对各种环境变化赋能提效。

二、技术开发

技术开发要坚持整体协同和安全可控。坚持整体协同是强化系统观念，加强系统集成，统筹推进技术融合、业务融合、数据融合，提升跨层级、跨地域、跨系统、跨

部门、跨业务的协同管理和服务水平。坚持安全可控是全面落实数据安全观，坚持促进发展和管理机制统一，安全可控和开放创新并重，全面构建制度、管理和技术相配套的安全防护体系。

基于整体协同和安全可控的原则，技术开发向更加开源、通用平台、低代码开发的方向发展，以适应业务需求的快速变化。

（一）从封闭开发向开源开发转变

过去，软件企业最重要的资产是源代码。随着数字技术的快速发展，软件定义了更大更广的世界，软件开源已成为发展的必然趋势。开放、共享、协同、生态、共治，这是开源精神的本质。开源可以实现全球化协作与创作，汇聚众人的智慧；可以为众多中小企业提供数字化升级的便利，降低开发成本；可以通过无数使用者和开发者的使用和测试，使软件更加稳定和可用。

（二）从复杂代码开发向低代码开发转变

低代码开发是一种通过可视化进行应用程序开发的方法，它能使具有不同经验水平的开发人员通过图形化的用户界面，使用拖拽组件和模型驱动的逻辑来创建应用程序和前端。低代码开发可以简化应用程序的开发，实现开发一次即可跨平台部署，还可以加快云端、多应用端数据的集成。

《2021年中国ICT[①]技术成熟度曲线报告》涵盖了20项新兴技术和实践，低代码应用开发平台被首次纳入，反映了低代码开发技术的巨大潜力。据预测，到2025年，企业70%的新应用将会通过低代码或无代码技术开发。

低代码应用开发平台让开发环境逐步便捷简易，试错和迭代速度更加快捷，企业创新与协同能力加速加强。对于规模较大的企业组织，IT部门往往无法快速响应业务部门提出来的大量长尾需求。这时IT部门可以组织部分业务部门员工，即使他们过去不具备代码开发经验，也可以用低代码开发平台开发他们所需的应用程序。对于小微企业，他们没有足够的预算来储备数字化人才和建设数字化基础设施，也可以通过低代码平台搭建企业的核心应用。

---

① ICT：信息与通信技术。

三、应用开发

应用开发的目的是支撑敏捷化的业务创新、业务管理协同和智能决策。应用建设是一个长期性、不停迭代的过程，可以用数字化路径"云、联、数、算、用"来阐述如何从整体系统角度思考应用开发，助力业务数字化、数字业务化的闭环，见表1-2。

表1-2　　　　　业务数字化、数字业务化的应用迭代

	云	联	数	算	用
组织内	应用云化、设备物联网化	数据互联互通	数据中台	AI	应用迭代
组织间	统一云服务平台	5G信息传输	大数据中心	AI	典型应用场景

在组织内，首先要考虑的是把当下正在使用的应用云化、设备物联网化，实现数据的实时互联互通，然后有节奏地实现数据统一存储、计算，最后通过AI赋能原有的业务场景、应用系统，实现应用迭代。

在组织间，要考虑集约化地发展一些数字化产业要素集群，比如"一网通办""工业互联网"等统一云服务平台、5G网络信息传输、大数据中心、AI产业集群，然后赋能社会典型应用场景。

当下，协同集成、数据驱动和智能决策是应用开发的重要趋势。

（一）协同集成

我国没有完整走过信息化进程就进入了数字化时代，在软件应用领域，并没有储备足够的软件人才和资金沉淀。在数字化的过程中，企业和组织会有大量细分的、定制化的需求，又不愿意付出更多的成本，因此这给我国平台型软件产品带来了机会，可以推动数字化快速落地和成长。这样的低成本和灵活性，反而是我国弯道超车的机会。

云端一体的协同集成开发框架较传统架构前进了一大步，其从业务代码中抽象出来一部分平台级资源，以降低开发成本，促进业务系统融合。

这样的协同集成框架，不仅节约了企业应用的开发成本，而且提高了企业应用的安全级别和应用级别，可以帮助企业快速推动数字化的进展。

(二)数据驱动

过去,技术应用是一种业务功能驱动的过程,用户提出什么样的需求,软件开发商就开发出相应功能的应用系统,应用系统局限于实现一个个用户需求的功能菜单。但是,过去的应用系统忽视了对数据价值的深度挖掘。

随着互联网/物联网的广泛应用,用户使用互联网应用系统或各类移动App(应用程序)的频率不断上升,包括物联网设备采集触点的不断增加,产生了实时、多维的海量数据,这些数据本身蕴藏着业务运行的规律,体现了用户多元化、个性化的需求。如果企业建立数据中台体系,来汇总组织和业务数据,并且根据数据构建的数据流来驱动业务系统和各类App,就可以导向以用户为中心,驱动用户运营、业务流程、研发生产、内部管理等业务流程不断增值提效,以数据驱动业务和系统的迭代,如图1-3所示。

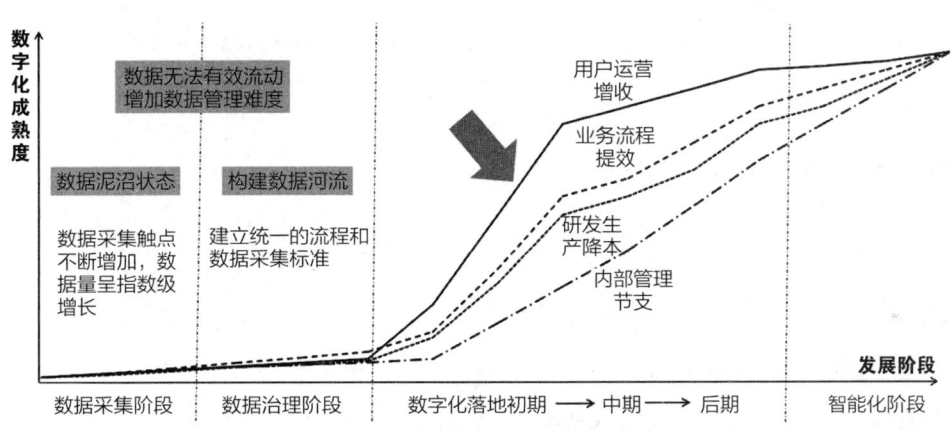

图1-3 数据驱动业务和系统的迭代

(三)智能决策

过去,应用系统的主要作用是辅助业务人员实现功能自动化和流程自动化。在数字化时代,通过融合移动互联网、物联网、云计算、大数据、人工智能、区块链等数字技术,软件智能化将成为现实。随着智能化技术应用的日益深入,数字化能力逐渐进入行业化和工具化,智能算法的重要性越来越突出,联机分析、深度学习算法、优化技术、预测技术等广泛使用。人工智能在业务服务、风险管控等方面能够自动做出合理的决策,并不断形成良性的机器学习反馈闭环,最终可以给用户提供更及时的、更准确的决策建议和行动工单。

这样的智能决策系统可以简单分为三个部分：一是智能工具，作为个人助理采集数据，同时向个人反馈工单。二是组织内大数据平台，作为组织大脑，收集整个组织的数据，并且按照程序决策和非程序决策，向组织部门和成员发出指令。三是行业大数据平台，作为行业大脑，组织大脑调用行业大脑的能力做更高效的决策，同时也向行业大脑汇聚行业数据。比如出行公司司机使用出行公司App来记录驾驶信息，接受总部派单指令，总部使用地图公司地图。司机端的App就是个人助理，总部云平台就是组织大脑，地图公司地图大数据服务就是行业大脑。甚至司机作为灵活就业人员，通过App由公司向国家政务服务平台代缴养老保险，也是同样的道理。这样的三级协同机制让个体、组织、行业的效率越来越高，如图1-4所示。

图1-4　个体、组织、行业三级数据智能协同机制

四、数字化管理的五大技术

数字化较之于信息化，最大的特征是实时、多维、海量。信息化更多的是事后记录和管控，数字化则是实时的数据采集、分析、决策。数字化的时效性、全面性、智能化帮助了管理和决策效率的极大提升。

数字化技术的核心可以分成智能设备和数据构画。其中，5G/手持设备代表的移动互联技术、物联网技术、云计算技术、虚拟现实技术成为数字化进程的里程碑。

（一）移动互联技术

以手机为例，其加速了数据采集（端）、数据传输（网）的技术变革。最早的手机使用模拟信号，人们只能通话不能传递消息。自从电信信号数字化之后，手机就能传递数字信息了，不仅能发送短消息，还能发送图片和声音。在2G时代，手机就能上网，能够与强大的互联网联通，手机的本质发生了变化，人们可以随时随地采集和传输信息。智能手机数据采集能力的提升以及移动互联网传输速度的提升，使得更多数据得以采集和传输，数据沉淀越来越快，移动互联网的诞生大大加速了数字化时代的发展。

之后，虽然 3G 技术优于 2G，但并没有本质提升，直到 4G 技术成熟，中国绝大多数地方都能通过 4G 实现信息的高速移动传输，数字化时代才真正开启。现在 5G 的低时延、高带宽又为产业互联网带来可以接受的效率和安全，真正的数字化时代正式到来。

从本质上讲，移动互联技术可以提升人们采集数据、传输数据和使用数据的能力，这是源头能力之一。此方面的能力得到增强之后，人们会越来越接近"无所不知"，最大化数据的使用来帮助决策效率和决策准确率的提高。

（二）物联网技术

物联网的概念于 1999 年提出，是指把所有物品通过射频识别等信息传感设备与互联网连接起来，实现智能化识别和管理。也就是说，物联网是指各类传感器和现有的互联网相互衔接的一种新技术。2005 年，国际电信联盟（ITU）发布《ITU 互联网报告 2005：物联网》指出，无所不在的"物联网"通信时代即将来临。射频识别技术（RFID）、传感器技术、纳米技术、智能嵌入技术将得到更加广泛的应用。

自 2009 年我国政府提出"感知中国"以来，物联网被正式列为国家新兴战略性产业，物联网在中国受到了极大的关注。

最新的物联网技术主要包含物联网设备数据采集、边缘计算和反向智能伺服设备技术等，在工业 4.0 被提出之后，越来越多的企业开始关注空间和设备的智能化，出现了智能工厂、智能车间和智能生产线的重构设计与应用。

智能空间和智能设备离不开物理层的数据采集，这就是设备物联网化。为了满足一些行业在实时业务、应用智能、安全与隐私保护等方面的基本需求，在靠近物或数据源头的一侧，采用网络、计算、存储、应用核心能力为一体的开放平台，就近提供最近端服务，其应用程序在边缘侧发起，产生更快的网络服务响应，这就是边缘计算。反向智能伺服系统在获得数据处理决策后，操控物理层的设备做出相应的调整，实现无人干预的智能反馈。

(三)大数据技术

大数据技术的核心是从数据中分析和挖掘出信息、规律,形成对现实世界的感知和认知,通过数据分析和挖掘做出判断,并形成行动决策方案,指挥相关的业务部门或者业务活动,从而做出更有效的行动,再借助数据采集对行动的效果进行检测,形成反馈机制,然后不断优化感知、认知和判断,优化行动方案,从而更有效地对外部世界进行响应。数据分析和挖掘技术是数据技术的核心,没有对数据的分析和挖掘,就不会有数据价值。

目前,大数据算法大多是基于数学、统计学、运筹学、计量经济学等学科沉淀的数据分析方法。随着大数据技术的发展,越来越多新的算法被创新。互联网平台常用的画像算法就是一种分类算法,常用于客户运营,针对客户的各种典型特征匹配产品和服务的典型特征,从而形成更加精准的产品或者服务推荐。

随着数据量的增加,算法实现的难度越来越大,对TB(1 000 GB)和PB(1 000 TB)级别数据的秒级查询和秒级响应,需要采用更先进的分布式存储和分布式计算。现在有些企业已经开始了人工智能算法研究,借助人工智能、机器学习和深度学习算法,机器能够自己生成算法、优化算法,从而产生自己的知识和智慧,创新的算法能够驱动商业的创新,使经营和管理在更聪明的机器助理的帮助下,获得更快的成长。

对于中小企业来说,自己建立系统和迭代算法的能力比较弱,可以租用平台公司来匹配自己的业务场景进行迭代,这种迭代越早研究、越早使用,算法就能够越先进、越精准,从而在激烈的市场竞争中取得优势。

(四)云计算技术

云计算是分布式计算的一种,从狭义上讲,云计算就是一种提供资源的网络,使用者可以随时获取"云"上的资源,按需求量使用,并且可以将其看成是无限扩展的,只要按使用量付费就可以。从广义上讲,云计算是与信息技术、软件、互联网相关的一种服务,这种计算资源共享池叫作"云",云计算把许多计算资源集合起来,通过软件实现自动化管理,只需要很少的人参与,就能让资源被快速提供。也就是说,计算能力作为一种商品,可以在互联网上流通,就像水、电、煤气一样,可以方便地取用,且价格较为低廉。现阶段所说的云服务已经不单单是一种分布式计算,而是分布式计算、效用计算、负载均衡、并行计算、网络存储、热备份冗杂和虚拟化等计算机技术混合演进并跃升的结果。

云计算的可贵之处在于高灵活性、可扩展性和高性价比等，与传统的机房和网络应用模式相比，其具有如下优势与特点。

1. 虚拟化技术

虚拟化突破了时间、空间的界限，是云计算最为显著的特点，虚拟化技术包括应用虚拟和资源虚拟两种。硬件平台与应用部署的环境在空间上没有任何联系，通过虚拟平台对相应终端操作完成数据备份、迁移和扩展等。

2. 基础资源动态扩展

云计算具有高效的运算能力，在原有服务器基础上增加云计算功能，能够使计算速度迅速提高，最终实现动态扩展虚拟化，达到对应用进行扩展的目的。

3. 按需部署

计算机包含了大量的应用程序，不同的应用对应的数据资源库不同，因此用户运行不同的应用需要较强的计算能力对资源进行部署，而云计算平台能够根据用户的需求快速配备计算能力和资源。

4. 灵活性高

目前市场上大多数 IT 资源、软件、硬件都支持虚拟化，比如存储网络、操作系统和开发软件、硬件等。虚拟化要素统一放在云系统资源虚拟池当中进行管理，云计算的兼容性非常强，不仅可以兼容低配置机器、不同厂商的硬件产品，而且能够外设获得更高性能计算。

5. 可靠性高

即使服务器故障也不影响计算与应用的正常运行，因为单点服务器出现故障可以通过虚拟化技术将分布在不同物理服务器上面的应用进行恢复或利用动态扩展功能部署新的服务器进行计算。

6. 性价比高

将资源放在虚拟资源池中统一管理在一定程度上优化了物理资源，用户不再需要昂贵、存储空间大的主机，可以选择相对廉价的处理器组成云，一方面减少费用，另一方面计算性能不逊于大型主机。

7. 应用层扩展

用户可以利用应用软件的快速部署条件，更简单、快捷地将自身已有业务以及新业务进行扩展。如云计算系统中出现设备的故障，对于用户来说，无论是在计算机层面上还是在具体运用上均不会受到阻碍，可以利用计算机云计算具有的动态扩展功能对其他服务器进行有效扩展，确保任务得以有序完成。对虚拟化资源进行动态扩展的情况下，能同时高效扩展应用，保障应用程序的需求。

公有云通常又把它的服务类型分为三类，即基础设施即服务（IaaS）、平台即服务（PaaS）和软件即服务（SaaS）。

（1）基础设施即服务。基础设施即服务是主要的服务类别之一，它向个人或组织提供虚拟化计算资源，如虚拟机、存储、网络和操作系统。

（2）平台即服务。平台即服务是一种服务类别，为开发人员提供通过全球互联网构建应用程序和服务的平台。PaaS 为开发、测试和管理软件应用程序提供按需开发环境。

（3）软件即服务。软件即服务也是其服务的一类，通过互联网提供按需付费软件应用程序，云计算提供商对这些软件应用程序进行托管和管理，同时允许其用户连接到应用程序并通过全球互联网访问应用程序。

（五）虚拟现实技术

虚拟现实技术（VR），又称虚拟环境、灵境或人工环境，是指通过信息化技术生成一种对参与者直接施加视觉、听觉和触觉感受，并允许其交互地观察和操作的虚拟世界技术。

VR 系统的基本特征是三个"I"：沉浸（immersion）、交互（interaction）和想象（imagination），其围绕人在 VR 系统中的主导作用，使信息处理系统适合人的需要，并与人的感官感觉相一致。VR 系统主要分为沉浸类、非沉浸类、分布式、增强现实四类。

虚拟现实是多种技术的综合，其关键技术和发展方向包括以下几个方面。

1. 环境建模技术

环境建模技术即虚拟环境的建模，目的是获取现实三维环境的三维数据，并根据应用的需要，利用获取的三维数据建立相应的虚拟环境模型。

2. 立体声合成和立体显示技术

人们在实际生活中听到的声音，由于人耳距声源远近不同，因此声音到达人的两只耳朵的速度和强度都不同。VR 技术中的立体声合成技术模拟了人在正常生活环境中的听觉特点，客户在使用 VR 设备观看建筑室内设计时，听觉效果与实际情况无明显差别。操纵手柄、VR 眼镜、VR 头盔、触觉传感器等工具也为人们提供了一种三维立体的感知，增强了虚拟空间在视觉、听觉、触觉各方面的真实感。

3. 触觉反馈技术

其在虚拟现实系统中让用户能够直接操作虚拟物体并感觉到虚拟物体的反作用力，从而产生身临其境的感觉。

4. 交互技术

虚拟现实中的人机交互远远超出了键盘和鼠标的传统模式，利用数字穿戴设备等复杂的传感器设备，利用三维交互技术、语音识别等输入技术，成为重要的人机交互手段。

5. 系统集成技术

由于虚拟现实系统中包括大量的感知信息和模型，因此系统集成技术成为重中之重，包括信息同步技术、模型标定技术、数据转换技术、识别和合成技术等。

虚拟现实是在计算机中构造出一个形象逼真的模型。人与该模型可以进行交互，并产生与真实世界中相同的反馈信息，使人们获得和真实世界中一样的感受。当人们需要构造当前不存在的环境（合理虚拟现实）、人类不可能达到的环境（夸张虚拟现实）或构造纯粹虚构的环境（虚幻虚拟现实）以取代需要耗资巨大的真实环境时，就可以利用虚拟现实技术，如以下典型的几个应用场景。

（1）BIM，俗称"建筑信息模型化"，可以认为是早期的虚拟现实技术，即对现实空间数字化，从而构建一个虚拟的数字空间。与此对应，被称为数字孪生的技术概念被提出。

（2）智慧城市（CIM）。智慧城市是指利用各种数字化技术和创新服务理念，集成城市的物理系统和服务，以提升资源运用的效率，优化城市管理和服务，同时改善市民生活质量和营商环境。

利用CIM技术的扩展，人们可以构筑一个数字城市，这个城市中有实体的建筑，有各种市政设施和服务，还有人们生活的场景数据，这些数据汇合在一起，构筑了智慧城市的虚拟现实，是城市的数字孪生。

（3）虚拟现实技术与元宇宙。目前虚拟现实在工业巡检、地产、教育、军事、医疗、旅游等方面得到了深入的应用，这些碎片化场景的应用和探索，为未来的深度应用中自下而上的数据汇聚打下了良好的基础。

元宇宙本质上是对现实世界的虚拟化、数字化过程。但元宇宙的发展是循序渐进的，是在自上而下共享的基础设施、标准及协议的支撑下，由自下而上的众多工具、平台不断融合、进化而最终成形的。它基于扩展现实技术提供沉浸式体验，基于数字孪生技术生成现实世界的镜像，基于区块链技术搭建经济体系，将虚拟世界与现实世界在经济系统、社交系统、身份系统上密切融合，并且允许每个用户进行内容生产和对虚拟世界进行编辑。

第三节　管理的变革与数字化

在数字化时代，先进生产力的发展带动着社会生产关系的深度变革，为了适应商业环境和技术发展的变化，组织的管理模式、商业模式、产品模式和服务模式也在发生巨大的变革。

一、管理模式的变化

管理是指一定组织中的管理者，通过实施计划、组织、领导、协调、控制等职能来协调他人的活动，使别人同自己一起实现既定目标的活动过程。

数字化带来了生产力的提高，帮助管理者合理利用数字化带来的数据力量来提高管理的效率和管理的决策成功率。要实现数字化管理的目标，就需要把数字化渗透到管理各个要素。从管理经典理论，可以提炼出管理的四个关键要素。

第一要素：管理主体。行使管理的组织或个人，比如政府部门和业务部门。

第二要素：管理客体。管理主体所辖范围内的一切被管理的对象，包括人群、物质、资金、科技和信息五类，人群为基本对象。

第三要素：管理目标。管理主体预期要达到的新境界，是管理活动的出发点和归宿点，要反映上级领导机关和下属人员的意志。

第四要素：管理方法。管理主体对管理客体发生作用的途径和方式，包括行政方法、经济方法、法律方法和思想教育方法等。

数字化管理可以从两个方向切入管理要素，一个是组织要素，如管理主体、管理客体等，另一个是业务要素，如物、事、财、流程等。通过对管理要素的数字化，一是可以跨越时空的距离，提高管理动作的效率，比如实时找到组织内每一个人，随时随地召开视频会议，实现纸质表单在线化；二是可以提高决策的准确性，比如通过每个人的标签和痕迹，更清晰地了解每个人的能力和状态，了解设备的运行状态，了解生产、销售、物流、服务的细节。通过数字化掌握更多组织和业务信息之后，可以提高管理决策的准确度，加快管理进程推进。

技术是一种工具，管理需要温度，在技术发生巨大的改变之后，表现出来的管理通识的变化如下。

（一）从他组织管理向自组织管理转变

传统的员工管理方式是自上而下的管理，是他组织管理，上级管理者驱动员工的工作。但新的管理者要面对两个问题，一是现在的员工拥有更强烈的自我意识和个体意识；二是他们是数字原生的一代，习惯了时空间隔之下的交流、协作。

对于这种情况，组织需要变革管理方法，导入全新的自组织管理思想，从管理员工变成激活员工，让他们充分发挥潜能，自主地工作。在数字化时代，项目群、部门群、客户群、直播、自媒体、个人主页等工具为个体的崛起提供了平台，善于创新的员工能带来倍增的效能提升，如果一个组织能善于使用这些数字化工具，那么整个组织的效能就会得到巨大的激发。

（二）从垂直化模式向扁平化模式转变

自从人类社会出现国家以来，行政组织管理的模式主要是垂直化管理，20世纪初，社会学家提出了科层制理论。科层制往往采用垂直化管理，具有明确的分层等级，层级结构的权责清晰，重视规章制度，依照固定流程办事。但是，垂直化管理存在的问题是组织部门交叉重叠较多，部门之间沟通不畅，对于大型组织来说，整体效率较低。传统的垂直化组织管控性强，员工的主观能动性较低。组织以文件通知的形式安排工作导致文件数量激增，办事时效性低。传统的垂直化管理组织在很多方面已经不能满足市场的需要，快速变化的市场和用户倒逼企业进行组织管理变革，优化工作流程，减少决策层级，组织管理逐步呈现扁平化趋势。

扁平化组织的管理层级较少，管理层和员工都能以合理的权限及时看到组织的数据和信息，因而加强了部门之间的沟通，提高了组织的整体反应灵敏度，使组织能更快速地把握市场情况，及时做出反应。扁平化组织注重赋能一线员工，充分调动员工的自驱性，沉淀知识，优化流程，从而实现个人和组织共同受益。但是，对于大型组织而言，扁平化也会带来关键角色的网络链接触点过多的问题，这就需要组织不断学习迭代，保持管理制度和管理方法的进化。垂直化管理与扁平化管理的对比，见表1-3。

表1-3　　　　　　　　垂直化管理与扁平化管理的对比

对比维度	垂直化管理	扁平化管理
概念	自上而下的科层制管理模式，决策传递采取上传下达的模式，业务运行封闭在架构的条条框框内	减少管理层级，使信息迅速传至一线，建立以用户为中心的管理模式
特点	管理层级多，业务由上级向下级统一派发，不鼓励基层部门自行开发创新	管理层级精简，沟通效率高，从而提升组织的创新效率
应用	传统经济管理等部门及大型企业集团	中小型组织机构

在数字化时代，网络协同更加便捷，组织和员工、组织和用户的沟通更加顺畅，加速了扁平化组织的建设。扁平化组织更容易以用户为中心，注重用户体验的提升，通过在线交互与用户进行网络协同和群体创造，提高交互效率，提升交互体验，从而提升用户对组织的满意度。

（三）从刚性管理向柔性管理转变

刚性管理是指一种强调规则的刚性约束的管理模式。刚性管理是以明确的规则和制度为中心的管理模式。刚性管理按照规则、制度对员工进行管理，注重效率和业绩。但是刚性管理的问题在于可能不利于调动员工的积极性。相关调查显示，在员工完全遵守规则的情况下，员工的能力只能释放20%~30%，不能实现企业效益的最大化。

为了帮助组织实行效益最大化，充分调动员工自驱力，实现用户价值最大化，很多组织开始实施柔性管理。柔性管理以人们的心理和行为规律为基础，采取非强制方式，通过用户服务的灵活流程来组织各种资源，通过流程中员工自驱力的提升和用户至上的企业文化的形成，调动员工自主积极性。柔性管理能够不断优化流程，把企业运行的内外各要素整合起来，形成完整的、高效率的、具有核心竞争力的业务运行系统。刚性管理与柔性管理的对比，见表1-4。

表1-4　　　　　　　　　刚性管理与柔性管理的对比

对比维度	刚性管理	柔性管理
概念	刚性管理是一种强调规则的刚性约束的管理模式，主要依照制度约束、纪律监督等对员工进行管理	柔性管理是一种流程和文化驱动的以人为中心的管理模式，通过灵活流程来组织各种资源，通过流程中员工自驱力的提升和用户至上的组织文化的形成，调动员工的积极性
特点	强调组织权威，工作人员按照专业分工，严格执行管理制度	激发员工内心的主动性、自主性和创造性，员工具有明显的自驱性
应用	强调权威、严格按照专业进行分工的企业，内部要素复杂、部门多的组织	尊重员工的自主性、工作流程较灵活的组织

二、商业模式的变化

数字技术帮助商品和服务提供者增加了与用户的链接,促进了交互行为的发生,而平台提供了数字化交互的基础能力,便利了用户,也降低了商品和服务提供者的数字化建设成本。这促使了商业模式的巨大变化,例如,从渠道售卖盈利转向平台赋能生态共赢、从单次售卖盈利转向会员制销售盈利、从单件产品售卖盈利转向全生态品牌组合售卖盈利等。

(一)从渠道售卖盈利向平台赋能生态共赢转变

过去,企业与用户之间是通过多层渠道买卖的交易模式,分销渠道层层加价,企业和用户间互相隔离,渠道成了企业的客户,而真正的用户需求被漠视。

为了利用创新的技术实现业务资源互补,更好地满足用户的多元化需求,不同的伙伴开始多边合作,建立合作平台,推动渠道扁平化。平台逐步发展出巨大的经济成效。平台拥有开放、聚合、共赢的特点,能够聚集用户流量,扩大规模效应,显著提升企业的运行效率。平台作为载体,以其较低的费用甚至免费的服务使社会资源高效集聚与激活,企业在平台上售卖产品的同时,能够与生态中的其他企业进行合作,与用户进行直接交互,实现提效共赢。这不仅使企业资源得到了极大的释放,也为其创新打破了束缚。渠道售卖盈利与平台赋能生态共赢的对比,见表1-5。

表1-5　　　　渠道售卖盈利与平台赋能生态共赢的对比

对比维度	渠道售卖盈利	平台赋能生态共赢
概念	企业和用户之间多层渠道买卖产品	企业通过平台吸引用户,售卖产品,同时引导用户在平台上形成持续黏性
特点	交易双方通过多层渠道买卖	通过平台赋能,企业与生态中更多合作伙伴共赢
应用	传统商业等	互联网电商平台

数字化技术不仅改变了商品的售卖方式,也改变了服务的提供方式,以前基本上是就近寻找服务,现在则可以通过数字化搜索的方式精准匹配服务,这也是平台和生态共赢的典范。同样,组织内也可以通过线上员工服务平台,给员工提供更多、更便捷的服务。

（二）从单次售卖产品盈利向会员制销售盈利转变

单次售卖是指企业和用户只完成一次交易，即"一锤子买卖"，而没有形成长期销售的关系。企业试图与用户建立长期销售关系，却无法连接到用户，转化成本高。

数字化给企业提供了非常便捷的用户管理工具，在商业领域应用云计算和协同技术，可以更好地了解用户的消费行为，根据用户信息和消费行为对用户进行分类，并进行针对性的营销，便于企业吸引用户加入会员，从而培养忠实顾客，建立长期稳定的市场。单次售卖产品盈利与会员制销售盈利的对比，见表1-6。

表1-6　　　　单次售卖产品盈利与会员制销售盈利的对比

对比维度	单次售卖盈利	会员制销售盈利
定义	企业和用户只完成一次交易	形成会员画像，提供持续的精细化服务，进行差异化营销，形成忠诚客户
特征	"一锤子买卖"，不期望长期关系	用户自愿成为会员，企业开展针对性服务，建立长期稳定的联系
场景	传统线下商店	会员制销售，线上线下一体化销售

（三）从单件产品售卖盈利向全生态品牌组合售卖盈利转变

在传统销售模式中，消费者只能选择看到的单件商品，或者该商品物理上相邻的其他产品，比如口香糖等商品一般摆在收银台入口处，占领独特的物理空间来刺激购买，但大多数情况下，商品无法联动其他商品，仅是单一产品销售，导致整体销售额不高。而数字化销售模式很容易形成品牌组合，以用户体验为中心，让多件商品产生联动关系，打造出新的产品组合。

全生态品牌组合售卖基于用户生活场景提供不同的解决方案，打破了产品、行业相对孤立的情况，让多种资源共同塑造出不同的场景解决方案。用户对产品的需求不是孤立的，满足某个需求往往需要多个产品。产品之间有内在的关系序列，通过数据算法分析产品之间的关联序列，就能推导出关系序列中的新产品机会并将其推荐给用户。

例如用户若需要买鱼，生鲜平台则会推荐多个菜谱，不同菜谱则会推荐不同配料系列，这就接近于预制菜的概念，但又给了用户多种菜谱的选择，提高了客单价和毛利率。单件产品售卖盈利与全生态品牌组织售卖盈利的对比，见表1-7。

表 1-7　　单件产品售卖盈利与全生态品牌组织售卖盈利的对比

对比维度	单件产品售卖盈利	全生态品牌组合售卖盈利
概念	只售卖单一产品或物理相邻产品	售卖某种产品，同时联动售卖其他多种关联组合产品
特点	产品单一，产品之间组合也单一	设计多种产品组合，打通全生态的产品组合
应用	传统商业等	通过分析多种场景下产品需求，打造产品组合

三、产品模式的变化

传统产品研发依赖于企业内的产品研发人员，他们获取市场和用户的反馈不仅时间长，而且了解的信息非常有限，不能及时、充分地理解消费者的新需求，那么如何更好地打造满足消费者需求的产品呢？

（一）数字化新产品

在数字化时代，组织与用户的连接更加紧密。通过对用户数据进行分析、与用户进行互动，组织可以洞察市场，充分了解用户需求。例如，通过对消费者数据进行分析，洗发水品牌发现年轻人对洗发水的需求从柔顺变成了防脱。有了消费者数据作为支撑，产品研发人员、市场人员和销售人员不再陷入口头争论，而是清楚地通过数据看到市场趋势，主动研发和上线消费者需要的产品。传统产品研发与数字化新产品研发的对比，见表 1-8。

表 1-8　　传统产品研发与数字化新产品研发的对比

对比维度	传统产品研发	数字化新产品研发
需求发现	市场调研部门主导产品研发	数据洞察新产品研发机会
用户参与	产品研发过程封闭、孤立	用户参与新产品研发
研发周期	新产品研发周期为 18~20 个月	新产品研发周期缩短至 6~8 个月
市场测试	从新产品到畅销品需要看产品定位和市场动态发展	新产品上新全过程有数据支持，与用户快速沟通；通过新产品满意度调查，使新产品反复迭代，提升新产品的推广成功率

（二）数字化新品牌

品牌市场份额 = 用户渗透率 × 用户试用率 × 用户忠诚度

用户渗透率是有多少用户知道这个品牌,用户试用率是用户看到之后有多大可能会购买,用户忠诚度的数值稍微复杂,是一个用户在同类产品上总共花费一定金额的钱,有多少比例花在该品牌上。

数字化提供了一个高效触达、高效互动去影响用户的方法,每个成功的品牌都要不断地借助更大的新平台流量和工具来更广泛、更深入地触达客户,比如 2015 年的微博、2016 年的微商、2017 年的小红书、2018—2022 年的直播都是品牌发展的契机,可见品牌选对数字化新渠道非常关键。

把线上用户与品牌建立关系的过程,抽象为 A(awareness,认知 / 渗透)、I(interest,兴趣)、P(purchase,购买 / 试用)、L(loyalty,忠诚 / 复购)模型,如图 1-5 所示。

图 1-5　AIPL 模型

认知 / 渗透是指有多少消费者看到这个品牌,这就是店铺流量;平台流量一般根据三种方式分配,一是产品实力(比如销售额),二是促销活动安排,三是商业化购买。

兴趣是指有多少消费者看到产品简介后,愿意点击进详情页,观看产品详情,甚至进入店铺,翻看其他同类或相关商品。

购买 / 试用是指客户综合产品详情和价格,决定是否购买。

忠诚 / 复购是指客户购买使用后,是否入会、复购。

从不同的数据,可以看到发展品牌不同的改进点。比如产品复购率低,那就要针对性解决产品质量和售后服务的问题。如果产品复购率很高,但是流量不行,则可以购买流量带动销售,把销售额做起来之后,平台就会分配免费流量了。

(三)数字化新制造

改革开放 40 多年来,我国已经发展成为世界第二大经济体、全球最大的"制造工厂",世界上大部分商品都能在我国制造。但是,我国的制造业正在遭遇多方面的挑战:一方面,由于曾经的成本优势有所弱化,因此我国部分制造业有向东南亚国家转移的趋势;另一方面,由于用户需求转向多样化和个性化,因此小规模定制化生产成为常态，传统的大规模生产制造模式也受到了很大的挑战。

新制造是从"制造"到"智造"的转变，是指通过制造过程数字化、网络化、智能化，面向产品的全生命周期，实现制造过程的状态感知、实时分析、自主决策和反馈执行功能，其中又衍生出来用户直连制造（C2M）、智能化生产、网络化协同、产品生命周期管理等新模式。传统制造与新制造的对比，见表1-9。

表1-9　　　　　　　　　　　传统制造与新制造的对比

对比维度	传统制造	新制造
产品研发和生产需求	产品研发周期长，按计划生产	产品高效迭代、实时调整、面向客户、按订单生产
生产数据	对历史数据进行有效分析	基于数据进行定性+定量的销售预测和企业资源规划
排产方式	固定计划排产	柔性化排产
产量安排	预测误差大、提前期长、大批量	精准预测、提前期短、首次下单批量小
产品配送	一次性配送，补、调、退成本高	多次高频配送，及时补、调、退
信息反馈	反馈汇总速度慢	反馈汇总高效
生产决策	在后台不能进行分析决策	实时进行科学的决策分析

数字化新制造的流程主要包括数字化技术赋能客户化定制、柔性化生产、智能工厂、质量管理等，如图1-6所示。云端一体通过物联网、云、大数据、人工智能和组

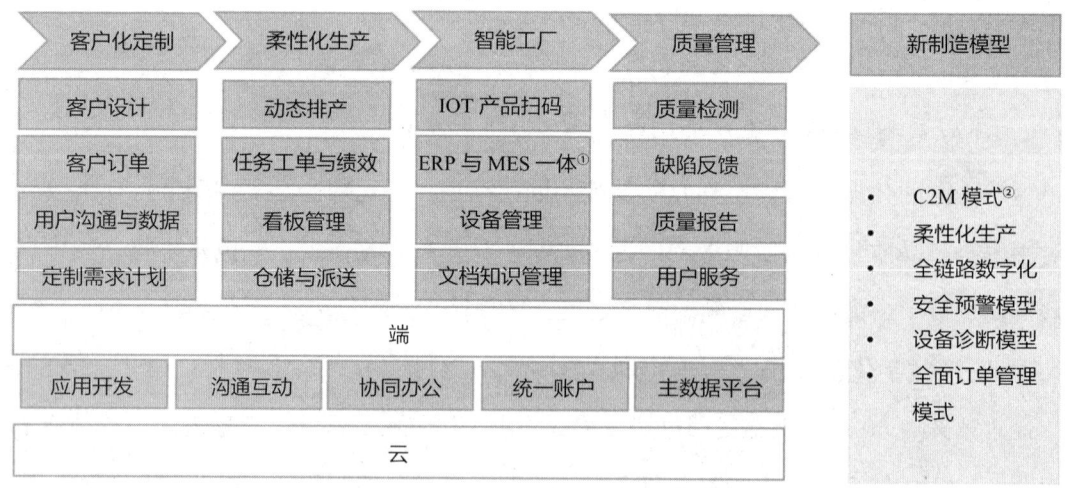

图1-6　基于云端一体的数字化新制造流程

---

① ERP：企业资源计划软件。MES：制造业生产过程执行软件。
② C2M：用户直连制造。

织数字化、业务数字化平台等赋能制造业，实现制造业全产业链生态互联；通过应用开放平台的能力升级，打通产供销多个业务应用系统，实现多业务系统的深度融合，提升业务协同效率；及时用数据监测制造生产中的情况，提升质量，安全预警，保障生产有序高效进行。

（四）数字化新供应链

供应链是由原材料供应商、制造商、仓库配送中心和渠道商等构成的供应链网络，供应链上下游协同已经成为组织的重要竞争力。比如，如何在降低库存的同时提高订单满足率，如何保证准时送货率，如何保障对账速度等都是提高客户服务、减少资金占用、减少残损的重要手段。数字化供应链提供了数据透明性、上下游组织高效协同、绿色安全的智慧供应生态体系。

与传统供应链相比，数字化新供应链的本质区别在于供应链的全链路协同管理，在供应链数据互联互通之后，可以基于数据进行定性、定量的供应链预测，提高补货、调货等服务精准度，实现库存优化，减少资金占用。传统供应链与数字化新供应链的对比，见表1-10。

表1-10　　　　　　传统供应链与数字化新供应链的对比

对比维度	传统供应链	数字化新供应链
供应链运营	被动执行	全局优化，研、产、供、销协同，根据销售预测滚动采购
仓储布局	少量仓库	全国多点多仓布局，整体优化
货物周转	大批量订货	根据预测快速补货，提高周转率
货仓匹配	线上线下货品和仓库分离	线上线下一体多级正向逆向混合，店仓一体、就近取货、发货，货通天下
仓库扩展	自有仓，为高峰准备最高配置，日常浪费资源	自有仓+社会仓，按需错峰配送，整体资源利用率高
物流作业	靠人工，差错率高	使用智能机器人、自动传送带、物联网，减少人工依赖和差错
运输调度	送货司机、配送员效率低	动态智能调度

四、服务模式的变化

用户购买服务之后，最常见的状态是"购后失调"，也称为购买后冲突，是指对购买的怀疑和焦虑，即自己的决策是否最佳，在价格等方面是否还有所补充或修改。虽然不是所有的购买都会产生失调，但对于一些大件产品或价值比较高的产品产生失调的可能性还是比较大的，做好客户服务不仅可以帮助客户更快地做购买决策，降低用户的购后失调，而且可以增强用户自信，带来持久忠诚的用户和转介绍的用户。

一个组织如果希望做好客户服务提升客户体验，实现客户服务价值的最大化，那么需要做到三点：第一，客服要与用户实时沟通，想用户所想，比用户更懂他们自己；第二，客服的服务过程要与用户洞察相结合，提升服务效率和每一次服务的价值；第三，客服要能解决用户全链路的问题，让用户对品牌产生信任。

过去的客户关系管理（CRM）系统与客户服务系统是割裂的。在数字化新服务中，客服是用户和品牌方之间的一个"服务管家"，不但为产生交易行为的客户提供全链路管理，也为仅仅发生客户服务触达的用户提供客户服务全生命周期管理。传统服务与数字化新服务的对比，见表1-11。

表1-11 传统服务与数字化新服务的对比

对比维度	传统服务	数字化服务
服务闭环	线上线下割裂，无法闭环评价	线上线下贯通，形成反馈闭环
客服响应	响应不及时，客户体验差	智能客服等及时响应，提升客户体验
客服频率	低频沟通，销售即完成	终身链接，终身价值
反馈改进	内部传递割裂	倒逼内部流程优化和资源配置

数字化新服务的流程主要包括数字化技术赋能服务人员的用户互动、体验洞察、会员全生命周期管理、智能客服关怀等，从而帮助提升客户体验，做强品牌口碑。

（一）用户互动

在以往的零售终端、服务终端，客户和商家是几乎没有互动的，客户选购产品后结账，有时候有导购接入，但是体验并不好。云端货架可以完全实现可视化交互触控等内容，轻松展示并实现客户的互动和交流。同时，利用数字化工具，专业客服可以随时随地和客户进行交流，解决客户问题，促进客户做决策。

客服在接受售前咨询的时候，经常会遇到帮助客户做出购买决策的情况：第一种情况是用户不知道买什么，而且懒得花时间了解产品性能、规格等信息，希望客服能针对自己的诉求进行推荐；第二种情况是现在店铺活动多，规则复杂，希望客服给自己推荐合适的产品组合；第三种情况是客户倾向于购买有优惠和热销的单品，希望客服推荐；第四种是客户感兴趣的产品缺货了，对性能参数有疑问了，客户有流失风险，客服应第一时间介入，给客户确定性的答案，挽留客户。

同理，客户在购买后也会碰到物流、安装、产品功能、维修等问题，数字化工具给客户和品牌方之间搭建了一个快速通道，使客服可以迅速介入，同时，数字化工具也可以在客户互动过程中提炼最典型的问题，赋能客服做好售后服务。

（二）体验洞察

用户在使用互联网的过程中留下了非常多的数据痕迹和对于某些功能的体验，这些大数据会生成客户行为画像，帮助数字化客服做到"察言观色"，敏锐地把握用户行为的变化，从而更好地提升用户体验，让用户对品牌更加信赖。

互联网平台净推荐值体系可以自动生成对产品体验、服务体验及营销体验的洞察，让影响用户购买决策的关键因素从海量数据中脱颖而出，帮助品牌快速改进产品运营策略。例如，用户下单未付款，这时品牌方非常想知道到底是产品、价格、优惠还是其他原因造成了这种情况，净推荐值带来的用户体验洞察可以帮助品牌方发现问题所在，并且提供解决方案帮助品牌提高转化率，同时把这些洞察通过协同办公平台快速反馈给品牌。

（三）会员全生命周期管理

会员是组织的长期客户，也是重要资产。会员全生命周期管理旨在实现会员触达、陪伴、留存、转化甚至召回的全程管理。

会员全生命周期管理有三个关键指标，这也是决定会员运营体系是否成功的三个核心因素。一是初始流量，会员初始获取量越大，整个会员的基数就越大；二是会员的生命周期，周期越长，会员提供的价值就越大；三是流失率，每个节点流失率越低，具有黏性和忠诚度的会员比例就越高。

借助数字化工具建立的会员全生命周期关键时刻助理方案可以更好地服务会员，做到从关注到注册、从注册到购买、从购买到复购，整个过程都让会员感到关怀和舒适，从而提高每个环节的转化率。

（四）智能客服关怀

客服队伍很重要，但是组建客服队伍的成本比较高。一些企业和组织把客户服务团队外包给第三方去做，但第三方团队不了解品牌，培训成本也很高，反而让客户服务失去了"温度"。

智能客服软件是数字化新客服的一项重要补充，比如一些电商助理，不仅帮商家做客服，也帮助店铺做营销，在客户浏览、收藏、加购、咨询、物流、签收和售后等各个环节主动唤醒、提醒、关怀、挽留客户，直至促成交易。其操作很简单，可通过智能任务、智能诊断、智能辅助等方式让品牌方迅速上手，为客户带去更好的服务和体验。

比如协同办公平台的机器人工作助理，会按照不同的功能分成不同的助理。组织关怀助理会定期提醒主管某位同事的生日，带来组织温度；设备助理会关联该设备对应的组织架构成员，推送设备诊断工单，提醒快速响应；智能IT和人事助理会通过维护知识库和机器学习，回答员工常见的IT和人事问题，减轻IT和人事部门的压力。这些智能助理类似于组织用户的客服，与人工客服相比，它们降低了成本并提高了效率和专业度。

思考题

1. 结合当前组织所在的产业，列举产业数字化的价值。
2. 结合当前组织的数字化战略，用数字化工具重构某一个流程。
3. 思考同行业数字化程度领先的一个组织，他们的数字化经验可以被当前组织复制吗？
4. 当前的组织需要如何与产业平台合作，聚焦发展"专精特新"的能力？
5. 思考如何通过数字化工具，增加服务黏性，降低服务成本。

第二章
数字化组织管理的概念与方法

随着社会环境的变化和技术发展,组织的生产要素、形态结构与分工都发生了变化。数字化组织能够快速对市场变化和用户需求作出判断和响应,创造敏捷灵活的工作生产方式,激发员工创新力,实现资源配置最优化、产业链上下游高效协作。

在数字经济时代,数字技术推动人类组织形式、生产工具、生产关系发生巨变。组织形式愈发多元化、平台化、生态化、全球化,协同方式主要表现为网络化、社会化协同。传统生产制造工具被自动化、智能化设备代替,组织的生产效率不断提升,生产成本逐渐降低。互联网将全球的买家、卖家、产业链上下游的伙伴连接在一起,加速推动全球化布局。数字时代要求组织能够根据市场环境变化快速调整战略、结构、流程、人员和技术。网络化组织、虚拟化组织、扁平化组织、学习型组织等多种形式纷纷涌现,管理理念和管理方法也随之发生变化。

第一节 数字化组织的概念

一、数字化组织的定义

数字化组织是传统组织在网络世界的映射，是以数字化技术为支撑的人机一体化组织。其特征是以移动互联网技术、云存储技术、企业数字化管理软件为依托，与传统组织共同作用达成组织目标。

数字化组织主要存在两种模式状态。第一种是完全映射真实组织的人员、架构、流程关系的线上孪生组织，与传统组织是互相补充、继承的关系，显性化呈现数据流转、流程关系、权责利关系、知识沉淀等要素。第二种是跨部门、跨公司、跨组织有协作关系但无具体地理空间的虚拟组织，这种数字化组织在未来的社会组织中将会广泛存在。

传统意义上对组织的定义是由若干个人或群体所组成的、有共同目标和一定边界的社会协作实体。它强调组织构成的三要素——组织成员、组织目标、组织结构，且是实体。而数字化组织继承了传统组织的内涵但概念又有所延展。首先，其并非完全是实体，虚拟组织成为数字化组织天然的一部分，数字化组织是实体与虚拟相结合的混合组织。其次，组织边界越来越不显著，跨组织、产业链上下游协作型组织也开始广泛出现。最后，组织成员也不只是传统意义的"人""群体"，数字员工、机器人已经在很多组织中具备显著的成员特征，拥有具体的工号、职能、流程。实际管理范畴的成员也不只是组织的内部成员，还包括外部成员、协作成员、产业链成员。但不变的是，二者都是为达成共同目标而组成的共同体。

二、数字化组织的特征

（一）以用户价值为目标

用户价值是组织通过服务用户所带来的价值，反映的是公司产品和服务为用户所提供的效用和客户付出的成本的相对比值。不可否认，大量组织基于对利润的渴求而被动地创造产品和服务，而不是先意识到价值才开始制造产品。但客户的诉求越来越趋于个性化，当客户的红利或者某个渠道的红利逐渐消失时，管理者就需要不断地思考：我们的业务是什么？我们的客户是谁？我们的用户价值是什么？

在数字化时代，所有的业务都值得被重新思考。数字化以广泛连接和深入触达为最主要的特征，更加全面地触达用户并挖掘用户深层需求，重新定义业务、重塑价值主张，弥补用户认知价值和组织价值主张的差距，赢得用户并与用户共同成长。

数字化组织一方面敏锐洞察用户需求，另一方面创造引导新需求。基于此，为用户提供有效服务价值，需要将为用户创造价值作为工作方向和目标。若用户价值无法被精准定位和传递，则难以让用户聚拢在组织周边，持续为组织贡献价值。

（二）以动态为组织结构新模式

面对快速变化的市场需求，传统的组织已经暴露出能力的失衡，因此需要构建一个柔性、动态、灵活、开放的组织结构，让边界从封闭走向开放，不仅要对内部开放，还要对外部开放。

数字化组织结构不再局限于垂直职能型或矩阵型组织的固态流程设计，而是以满足业务需求为导向的液态组织。柔性动态组织能够根据业务变化随时针对组织结构、业务流程、资源配置等进行调整，实现组织小闭环自我迭代更新。柔性动态的组织将从管理走向治理，从以往的以流程为中心转变为以人为本，避免组织固化，关注成长的动力和可持续性，强调有序和高效。

（三）以员工内驱和创造为根本

数字化组织强调以人为本，要把员工从无效或低效可被信息技术取代的工作中解放出来，把员工从螺丝钉变成发动机。从组织结构上看，组织权责清晰、扁平可视化，从传统的自上而下变成人人参与，共享共治；从信息的流通上看，通过高效、平等、安全、互信的信息交互激发人的自驱力；从协同机制上看，通过各个小的作战单元，相互支持，激发人的创新创造力。

在管理过程中，内驱还受很多主观因素制约，其中价值认同是最大的影响因素。只有坚持正确的价值选择，才能获得更多同路人的参与和认同，管理者才能高效地从事管理活动，团队才能更加有凝聚力。价值是事物对于人类产生的积极意义，比如工作令人感到快乐、劳动报酬满足人类生存需要，这都是工作价值。数字化组织应该具备清晰的价值观念，价值观念是一个群体或个人在社会实践中对客观世界所持有的态度和立场，从而进行判断和选择。

在传统组织形态下，管理者是以实现组织绩效为目标的，但是在数字经济时代，管理者必须打破思维惯性，如何在不确定的环境里寻求确定性的发展，管理者需要有面向未来的能力。

（四）以网络协同为机制

网络协同是一种全新的协同模式，一种自我适应的组织形态，在数字化和智能化的技术条件下，网络协同能够突破边界的束缚，同时保持旺盛的生命力。网络协同下的组织几乎没有边界，网络协同的基础是清晰的组织架构、直接的信息交互、灵活的任务协同、流畅的业务流程、生态上下游的在线化。在网络协同的组织内，人与人之间的协作方式由单中心驱动转向多中心驱动。网络协同下的组织可自由进行多个单元之间的互联协作，打通以组织为中心的上下游，将服务对象在线化，人人实现资源配置最大化，实现科学的组织治理，从而利于创造更加平等和透明的工作环境，助力业务高效健康发展。

三、数字化组织的价值

（一）生产运营优化

1. 提高效率

效率是企业经营的关键，向数字要效率是衡量数字化成果的重要指标。数字化组织内部可以再缩短信息传递链路、减少信息不对称、优化资源合理配置、细化职责分工、提高组织协作效率、提高投入产出效率。数字化组织外部能够快速发现用户个性化需求并能够结合数字化组织新赋予的能力实现快速响应，提高市场敏锐度和用户满意度。

2. 降低成本

数字化组织可以降低从模拟实验到走向市场的试错成本和研发成本；在人、财、事、物等生产要素上实现动态优化配置，降低产品的成本，提高资源配置效率，减少不必要的投入；优化产品交易链路和服务链路，减少不必要的交易成本和服务成本。

3. 降低风险

数字化本身具有高效、智能、安全等特征，很大程度上降低了人工操作带来的隐患和风险。数字化转型后，每一个步骤都可以走审批流程，通过权限设置来保障数据安全从而有助于避免风险的发生。数字化组织能够加快传统业态下的设计、研发、生产、运营、管理、商业等关键环节的变革重构，实现数字化精准运营。

4. 提高质量

数字化组织在产品设计优化、生产链路优化、交易链路优化、服务链路优化等环节提供质量保障；可实现对采购、销售、生产、入库、物料交付、票据回款、客户管理等各个环节的实时监测和动态优化，实现全链路数字化管理。

（二）产品和服务创新

1. 带动产品创新

现代市场已逐渐从增量市场走向存量市场，越来越多的企业使用数字技术来进行产品和服务创新，拓展原有传统业务边界、服务边界以获得新的市场增量。通常此类价值效益，需要企业在关键环节实现数字化，包括组织结构、业务系统、思维理念等，以获取新产品、新服务，催生新的市场机会和价值空间，提高产品价值和服务体验，带动行业生态发展。

2. 推动业务增长

数字化组织不仅能够有效提升组织协同效率、生产效率，还能激发员工创新创造力，让企业由以往的技术专业化分工向新信息技术赋能的多元化分工转变，带动业务创新发展，带动组织经营效益提升。

（三）智能数据洞察

数字化组织具备数据意识、数据场景应用和分析方法、数据处理和分析能力、数据应用落地能力，从而能够利用数据发挥辅助决策作用，以数据分析为驱动，分析洞察，精细运营。用数字化手段带来管理创新，有效改善了传统高昂的协同或生产成本，减少了低效或积压库存等生产情况。

数据可以用于回答"发生了什么""为什么发生""未来将要发生什么""应该怎么做"等问题。对于第一个问题"发生了什么"，可通过对历史数据沉淀的统计，进行查证溯源。对于第二个问题"为什么发生"，可通过数据分析和算法，使人们能够总结历史经验，找到问题或现象产生的规律，通过总结规律，指导实践，降低错误率，从而优化资源配置、提高投入产出比。对于第三个问题"未来将要发生什么"，可在已发生事物或已有数据规律的基础上，预测推断出未来事物演变发展的可能性，基于历史数据、市场行为模型、竞争对手策略等模型做好预测，少走弯路，降低风险，提高成功率。对于第四个问题"应该怎么做"，可通过数据分析和算法，寻找最佳实践。未来通过系统算法代替人的决策会成为常态，算法在效率优化中所起的作用将会越发明显，无论是在智能导航、短视频平台算法推荐，还是网约车平台等方面，这种基于算法和实时数据的智能资源匹配都将在未来企业经营中发挥重要作用。要用数据发现问题、发现规律、发现机会、发现趋势，用数据优化流程、优化资源配置、优化路线，用数据创新方案、创新体系、创新营收、创新模式，从而洞察趋势，引领企业发展。

四、数字化组织的管理趋势

管理是对一切组织的行为指导，包括政府机关、企事业单位、学校、科研机构等，目的是要人们在统一指导下完成既定的组织目标。组织处于社会大环境中，组织的生存与发展与社会环境密不可分，组织的管理受市场环境、宏观经济环境、税收环境、技术环境、政治法律环境、社会和文化环境影响。管理者需要对外部环境进行分析研究，分析一切外部环境有可能对自己带来的影响，以便采取正确的应对措施，将外部环境对自己的不利影响降到最低。数字经济时代下，组织的管理存在以下几个趋势。

（一）更加受重视

企业只有不断地创新才能够更好地生存和发展。数字化组织的精神，说到底就是要建立市场竞争力和安全管理观念，能够牢牢把握企业的经营优势，提高企业的创新创造能力和市场应变能力，在不断变化的市场环境下，把握主动权。

（二）更加人性化

数字化组织是由战略、结构、机制、技巧、人员、文化构成的，其中，战略、结构、机制是"硬件"，一切企业管理都适用；技巧、人员、文化是"软件"，不同组织的"软件"水平参差不齐，数字化企业管理的重点就是提高组织"软件"的管理水平。

（三）更加创新

数字化组织经营模式应该要追求企业动态发展与外部环境发展的适应性，创造一种面向未来的、强调创新的管理模式，既能够适应新环境，又能够影响和改造周围的环境因素，创造外部经营环境，致力于通过创新来改变行业格局、打造自身行业竞争优势。

（四）更加精细和灵活

数字化组织的管理需要更加精细化以便组织能够根据"人、地、时"进行多元化管理，使企业在管理过程中既能够在某一方面严格管控，又能在另一方面松弛有度，富于企业家精神和创新精神。

（五）更加开放化

数字化组织的管理更加开放，管理者走到一线，广泛了解各阶层的工作情况、情绪状态、工作满意度等，在组织内部建立起广泛的、非正式的、开放的沟通环境，体察民情、坚定组织信心与目标。

（六）更加善于借力

面对外部激烈的竞争环境，数字化组织能够快速意识到自己的能力短板，取长补短。当业务无法依赖内部管理层做出决策时，需要借用外部力量，特别是在核心环节决策上，需要邀请在核心环节上的行业专家提供管理咨询服务。

第二节　数字化组织的结构管理要素

一、组织结构的典型模式

生产力的发展推动生产关系的变革,从现代组织的历史演进来看,不同阶段的组织形式都以劳动效率最大化、组织效率最大化、人的效率最大化、全局效率最大化为目标,核心是分工职能、分权与科层制、分利与激励约束机制、快速应对市场变化的能力。不同的组织会选择适合自己的组织形式,常见的组织形式有垂直职能型组织、矩阵型组织。

(一)垂直职能型组织

垂直职能型组织是工业化时代常见的组织形式,以直线型的行政指挥系统架构为主。在垂直职能型组织架构中,各层级由上级指挥与管理,自上而下传达指挥和命令,下级汇报给上级且只对该上级负责。

1. 垂直职能型组织的优点

垂直职能型组织易于实现组织的标准化、规模化和效率化,根据职能分工形成专业化的部门,能够发挥部门的专业优势。

2. 垂直职能型组织的缺点

垂直职能型组织上下层级多、信息传递链条长,高层管理者和一线员工容易信息断层,导致组织沟通协作效率低,缺乏弹性,对于突发事件或者市场变化难以快速做出决策、调整;不同部门员工少有协作、各业务单元自主性较强,业务效能难以最大

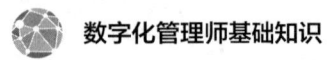

化。超大型组织会根据业务需求独立组建分支组织，此时集团组织履行战略决策、财务管控等通用性职能，组织决策的灵活度受到更大的挑战。

（二）矩阵型组织

矩阵型组织是新型工业化时代常见的组织形式，即在组织中为某种任务而成立项目小组，与原组织的部门相互交叉而形成矩阵，使小组成员接受职能部门和项目小组双重指挥，面临实线和虚线双重汇报。矩阵型组织的最大特点在于打破线性统一指挥，职能部门和项目小组实行横纵交叉指挥。

1. 矩阵型组织的优点

当面对比较复杂又需要多职能协同时，该组织形式能够配置不同职能类型的专业人员，快速形成统一战线和目标，紧密协作，互通有无，通过资源配置优化实现项目成功。

2. 矩阵型组织的缺点

员工双线汇报，当管理层级较多时、协作流程设置较为复杂时，容易产生协作混乱，容易因缺乏统一指挥而导致边界模糊，职能部门和项目小组之间的沟通成本增加，导致组织管理成本增加、人均生产效能降低。

二、组织结构的新模式

对于任何一个组织来说，科学合理的组织结构是提升组织效率和实现战略目标的必要保障，为应对瞬息万变的数字经济时代的市场环境要求，数字化协作型成为越来越多的组织参考的组织形式。数字化协作型组织是一种全新的组织结构形式，管理者可以弱化线性管理的局限性，使组织更为扁平化、动态化、平台化、生态化，并弱化头衔和级别，有效解决传统垂直职能型、矩阵型的组织形式存在的弊端，提高组织敏捷度。

三、数字化组织的流程设计

数字化组织是柔性动态的组织，这也决定了组织的业务流程需要能够灵活匹配组织结构的动态调整，以更好地服务于业务发展。

（一）业务流程数字化

以往的业务流程中有很多环节是线下流转，线上只是同步流程结果和结论，在这个过程中采用了很多纸质表单手写的方式，效率低下、错误率高、数据无沉淀、信息数据难以协同。通过业务流程数字化，将线下环节场景化、数据化、数字化，可实现业务流程的闭环，线上流程可追踪、数据可沉淀、数据可分析，使协同效率大幅度提高。当组织出现一些低效情况时，数字化管理师可以通过数字化后台进行查证，从而有效诊断组织健康度。

某设计公司基于数字化平台实现了沟通数字化，每个团队的人和项目管理全部线上化。全国的设计师可以在线和客户经理实现高效沟通，用户的建议、设计师与用户沟通的过程全部线上化并沉淀在云端，这样在面临设计师与"甲方"的争议时有资料可调阅，方便企业做工作质量检测等。

（二）业务流程扁平化

传统企业的业务流程一般是逐级审批，从最底层到最高层的中间层级众多。在数字化平台的帮助下，组织形态从传统的以流程为中心转变为以人和事为中心的扁平化的网络协同架构。

很多组织基于数字化平台实现了业务流程的扁平化设计。以大集团公司应急场景为例，当一个应急事件发生时，与该流程相关的所有角色人员自动建群，能够及时在群内同步所有动态，智能化调用对应的应急响应条令，让每个组织成员和相关制度能够被高效地连接，做好及时的应急汇报、应急响应、应急调度、应急处置，整个沟通、决策流程都在群内完成，最终实现事件记录的数字化沉淀。

（三）业务流程低代码化

数字化组织要求人人都是开发者，这样才能满足业务快速变化的系统需求。

对于业务人员来说，低代码平台是高质量低门槛的开发工具，可以针对业务部门的个性化场景、多样化业务需求，灵活开发，解决开发周期长、技术门槛高、沟通过程难等问题。低代码平台内置成熟的组件库，拖拽式操作降低了人为失误产生的损失，出错时可及时找到错误来源并完善，减少业务团队与IT部门的沟通成本。此前，IT人员普遍无法切身体验业务人员的实际痛点，通过低代码平台，业务人员可以自定义样板间，最终交付 IT 团队技术实现。

对于 IT 人员来说，对比 IT 团队开发应用的传统源代码方式，低代码开发方式可大大缩短开发周期。对于专业开发人员而言，低代码不仅具有辅助作用，而且是提升工作效率的利器。利用低代码平台，专业开发人员能够使用正确的技术集成来提高生产率，同时又能更高效地与业务人员交互。低代码不仅提升了开发的效率，还支持跨平台部署，可以同时为多个平台构建应用程序。同时，低代码开发解放了开发过程中烦冗、重复性的编码工作，可以有效降低人工成本。

四、数字化组织的角色和岗位设计

数字化转型由"体、用、势"三位一体组成。"体"就是数字化战略和数字化组织，即数字化转型的方向和内驱力；"用"就是流程、场景和数字化技术，即数字化转型的实现路径；"势"就是数字化资产和数字化能力，即数字化的传承和积淀。"体、用、势"三者之间的关系是：数字化战略引领数字化实现路径，自驱动的数字化组织的建设和岗位的设定在企业内产生了强大的内驱力，使组织和员工迸发出强大的积极性和活力，并不断使用数字化技术优化流程和场景，推进数字化转型；数字化技术在流程和场景的应用会持续为企业积累数字化资产和沉淀数字化能力；积累的数字化资产会为数字化战略提供决策依据，沉淀的数字化能力将为数字化组织建设和岗位设定提供依托。

（一）数字化组织的关键角色

一般来说，数字化转型相对成熟的组织会涉及三个最高层角色，即首席执行官、首席运营官和首席信息官。有部分企业已经设置了首席数据官，但在本书中不单独讨论，而把首席数据官的职能并入首席信息官。

1. 首席执行官

首席执行官确定企业的数字化转型方案并搭建领导组织，协调各方的资源，为数字化转型工作的稳步推进提供支持，负责对转型过程中的关键事项进行决策，包括制定数字化转型战略、制定财务预算、确定经营目标等。在数字化转型过程中，首席执行官需要积极发挥领导作用，引导数字化转型的方向，带动企业上下一致地向数字化转型目标迈进，解决执行人在推进数字化转型工作时遇到的困难，并把握、核实数字化转型的进度和效果，从而及时调整转型速度和方向。

2. 首席运营官

首席运营官要梳理各条业务线对数字化的潜在或实际需求，深刻理解企业数字化转型的目的是提升运营效率，激发业务创新。因此，首席运营官需要在数字化转型过程中梳理出不同业务线、不同角色、不同功能、不同类别的产品和服务，总结组织各业务线的痛点，梳理各业务线的数字化需求点，并给各部门设置数字化转型可量化的目标，确保数字化战略落地。

3. 首席信息官

首席信息官从信息技术的运用方面支持首席执行官和首席运营官完成数字化转型目标，并从信息技术角度向团队提供技术改进策略。因此，首席信息官需要具备技术和业务两方面的知识，作为技术方面的有力协助者，就具体技术问题进行指导，完成首席执行官赋予的各项任务。首席信息官需要能够带领团队完成组织的数字化战略，实现从数字到业务目标的达成。首席信息官负责企业数字化转型的全流程，包括数字化战略制定、战略执行、战略落地、过程推动、目标达成、效果验收。

（二）岗位与职责设计原则

1. 数据驱动职能

数字化组织的岗位和职责设计是数据驱动的，设置的岗位和职业应当与组织战略目标一致，工作指标需要可量化、可评估、可考核，利用数字技术让制定的工作指标可被查询，利用数字技术的绩效考核体系使指标可被考核，利用数字技术让工作过程可被看见。根据业务发展变化来调整职责和岗位数量。

传统组织结构的岗位设置基本是固定的职能和需要的人数，岗位较封闭，只对自己岗位对应的事情负责，较少有协同，工作内容机械，多为从上到下的执行，基层员工的工作大多是被隐藏的或不被关注的，不利于组织创新和流程优化。

某组织的一位管理者发现，最近有几位同事的运动步数每天都远超其他人，高达4万多步，检查发现这几位同事都是配送员，每天都在不辞辛苦地以最快速度将货品送到消费者手中，身体力行地践行客户第一的公司价值观，管理者特地让公司人力资源管理部门为这部分员工送去夏日清凉礼包关怀。这样的一个小功能，让这些优秀的基层员工被管理者看见、被表扬，组织也会因优秀的个体而变得不一样。

数字化组织运用数字化技术赋能每一个岗位，助力组织激发活力，提高员工工作满意度和成就感。

2. 支持流程创新

组织需要设置哪些岗位、岗位需要设置哪些职责，都能够通过数据进行分析评估，从而快速满足创新业务发展的需求。例如，新成立的某部门需要某岗位，哪些员工具备这样的岗位能力，这些岗位应该设置哪些必要规范，这些信息都可以通过数据分析获取决策支持。

有了数字技术，岗位职责和流程管理的设定就能够在线化高效开展。例如，某集团管理层针对岗位、职责信息以及相关工作流程制定规范后，利用数字化平台进行流程设置，在设置的过程中，发现实际执行过程和流程流转可以更加简化高效，于是数字化平台在保证原有工作质量的基础上对流程做了优化，让原本复杂的流程规范更加简单。

3. 关注生态协同

数字化组织更加关注生态协同。狭义上的组织，一般被理解为一家公司或机构，在数字化时代，业务快速发展需要更加广义的组织理解，即包括组织上下游可能协同到的每一个角色。某集团公司通过数字化平台连接了 35 000 名导购员、1 100 多家经销商、1 800 多个销售团队、5 800 多名配送司机进行协同。虽然其中的很多岗位都不是公司的内部员工，但这样的岗位协同和新职责设定，让组织的生产效率得到大幅度提升，形成了灵活运转的生态内外的大协同网络。

第三节　数字化组织的人员管理要素

一、数字化组织的人才规划

数字化时代，组织用人需求和招聘画像都在发生改变，人员招聘和管理都在不断升级新模式新方法，组织要善于利用数据完成岗位需求和人才匹配，用战略愿景和战略目标双轮驱动集聚优秀的数字化人才。

（一）人才盘点

人才规划中复杂度比较高的是人才盘点，数字化组织要善于使用人才盘点新工具。组织确定好业务策略、业务目标、组织结构、岗位需求后，制定盘点标准，建立人才库。

盘点标准一般分为两大类：组织治理标准和人才盘点标准。

组织治理标准要基于组织结构设计，如管理幅度的宽度要求、职级的深度、同层级管理要求、人才梯队的后备要求、岗位设置要求等。

人才盘点标准是基于岗位需求的，一般分为专业人才库和管理者人才库，根据人员能力模型建标签，用于人才储备、业务结构调整、排兵布局、组织治理，如经验特长、综合评估、其他。

基于盘点标准，组织方可实施人才评价，输出盘点结果，召开组织人才校准会，输出组织盘点报告、人才盘点报告，以便组织结构调整或立项新业务时能够快速组建团队、确保组织健康度以及做好长期人才储备战略。

（二）人才招聘

数字化组织一般拥有统一高效的管理招聘工作的系统，其具有智能推荐与搜索、简历管理、多渠道职位一键发布、高效面试管理与协同、招聘数据自动分析与沉淀等功能，可以实现一站式数字化管理。

数字化招聘主要解决传统招聘的两大问题，即效率问题和风险问题。

1. 效率问题

以往的简历通过邮件接收或人力资源管理人员手动上传到人才库等应用软件，数字化招聘直接通过专业平台接收简历或打通招聘系统，在提升资源整合度基础上，归档搜索提升效能。人力资源管理专员通过移动办公平台完成与业务部门用人需求的沟通，同时通过统一移动办公平台完成候选人面试、办理入职手续、员工档案管理、考勤、培训、绩效管理等一系列工作。

2. 风险问题

以往每一位招聘者对接的候选人简历资料、面试跟进情况和反馈、招聘效果转化等以往所有的数据资源都是零散地存放在员工的计算机等设备中，一旦发生业务环境变化和人员变动，人才资源数据难以汇总和沉淀，导致公司资产的流失风险。

二、数字化组织的培训

培训是组织数字化转型的必要内容。一方面，组织需要运用数字化的平台和数字化的培训方式赋能员工，建立人才库，培养组织的候选人；另一方面，组织需要培养一批具有数字化管理技术的人才，更好地结合组织的管理需求和战略发展需求搭建个性化的数字化管理运营平台。

（一）数字化培训管理的价值

组织培训不是新鲜的理念，但受限于培训模式和实施平台，使培训始终达不到预期的效果，如在培训设计环节常出现内容与真实需求错位、培训内容与企业需求错位、培训内容与员工需求错位等问题。由于对员工的工作类型、能力素质和真实需求缺乏针对性分析，因此培训难以满足实际要求。

传统的培训方式下，员工的学习往往是被动的，如被要求学习指定的内容、被要求指定学习和考试的时间地点等。这种管理模式直接影响最终的培训效果。数字化培训管理则无论在成本控制、成员自由度、沟通协作、推行范围、环节设计等方面，还是在效果反馈与评估上，都具有明显的优势。

1. 智能化培训实施

数字化的培训以人才培养为核心，建立个性、趣味、多元的知识管理平台，实现从培训计划、实施到评价的全过程数字化管理。以培训计划环节为例，在数字化技术的支持下，其可实现培训的进度安排、课程设计等在线的沟通协作，同时沉淀讨论内容，便于回溯反思。

尤其在新型冠状病毒肺炎疫情防控期间，一些组织和机构运用数字化的能力，进行在线授课和培训，打破了时间和空间的限制，这种新的管理和运作模式得到了广泛的应用和推广。未来随着5G技术的成熟和应用，人工智能在培训领域也会得到进一步的发展，引领组织向知识型组织、创新型组织发展。

2. 学习型组织打造

学习型组织是通过学习和交流，使组织更具有生命力，达到自我更新、不断突破的效果。学习型组织需要具备五项要求：建立共同愿景、加强团队学习、实现自我超越、改变心智模式、进行系统思考。数字化的培训管理方式下，利用大数据能分析并打磨出满足员工需求和满足组织发展需求的管理策略。

如在员工成长和培训的关系管理方面，通过系统规划员工成长路径，开展内部培训，使员工的知识、技能、态度和行为得到改进，成为满足企业发展需要的人才。同时，加深员工之间的合作意识、责任感，形成步调一致的团队，进而提升企业效益。

（二）重塑组织培训管理的三大要素

1. 重塑学习模式

在重塑学习模式方面，数字化能够通过数据捕捉、数据分析等能力，智能识别员工的优缺点和员工自身的发展诉求，以便搭建出更合适的知识管理平台和开发出更符合需求的优质内容。同时，数字化的学习平台，可提供跨时间、跨地域的培训场景，给员工带来方便、自由的体验。具体来讲有以下几个方面。

（1）培训需求更精准。通过知识平台上的学习足迹和智能问卷等方式，可从多侧面、多维度地了解员工的学习意愿、学习诉求和价值观;也可对员工的工作情况、业绩情况和组织业务、战略等需求进行综合分析,检验人员的岗位设定是否正确,人员的发展决策是否正确等。

(2)学习追踪更透明。当把培训进行在线化之后,学习的过程和数据都可以得到沉淀,便于回溯和复盘。将学习地图在线化并打通学习进度,组织可以看到每一个员工的学习情况、学习进度和学习后的反馈。组织不仅能从中分析出员工的学习态度、意愿和价值观,而且能反思内容的合理性、价值性等问题,从而进一步优化培训内容和培训管理模式。

(3)学习过程更有趣。培训通常令人反感,这不仅是由于培训的内容不够精准,不能吸引员工,而且在于学习过程枯燥,让员工觉得这是一件"苦差事",只是完成一项组织布置的命令。数字化的培训方式可以是灵活多样的,比如"像游戏一样一项项通关、升级""像社区一样自由发表和交流",培训管理可通过数字技术的应用,提升员工自我学习、自我提升的动力和积极性。

2. 重塑交互体验

在数字化时代,学习的交互体验正在被重塑。原来组织一场培训,需要安排场地,当人员分散的时候,还需要预先通知、预先安排接待等,在培训的成本上耗费极大。如今的数字化知识管理平台,可提供视频、直播、音频、文案、交流等多种方式,使员工可以自由地选择最适合自己的方式,利用碎片化的时间来提升自己。

数字化人才学习体验一般有四个表现:个性化、沉浸化、敏捷化和共享化。现在越来越多的公司重新梳理整个知识管理的架构,应用新型的技术落地管理,赋能员工的同时也为组织储备人才。

(1)个性化。知识爆炸和时代发展给培训管理带来巨大挑战,培训内容和方式的改革成了组织培训管理中新的发展诉求。组织更加关注员工的个性化需求和课程的实践价值。

1)组织层。组织可通过在线填表、匿名问卷以及查看过往的学习轨迹等分析、评估、开发合适的内容、时长、培训形式等,达到员工有兴趣学、有兴趣学完、愿意分享、学有所获的效果。企业发展要关注每一个人的培训需求,让员工由"被动学习"

向"主动学习"转变。

2）员工层。员工可以自主地根据个人职业发展的方向和兴趣爱好，选择学习内容和学习方式，可以在平台上自由地发表自己对内容的感受、意见和心得等，让知识管理成为一个"活的""自转"的良性循环。

（2）沉浸化。无论是组织培训还是学校教育，以往"填鸭式""灌输式"教学方式较为普遍。随着培训方式的转型，沉浸式、探究式、情景式的培训模式不断涌现。

1）组织层。许多数字化的培训软件在培训方式上也做了更迭，比如针对员工常常问及的请假规范、节假日安排等设计一套知识学习游戏，员工可以在解答一个个问题中进行闯关、拿到积分等。培训人员通过内容的设计和平台的搭建，设计出一个个演练场景，开发以学员为中心的学习、工作、游戏一体化的学习模式。

2）员工层。员工可以在轻松、愉悦的状态下获得知识。比如，一个新员工入职时，在平台上能收到专属自己岗位的能力提升地图，每一个成长的阶段，都有针对性的学习和练习，让员工可以"浸泡"在学习环境中。相比传统的被动式教学，其更强调员工主动学习与思考。

（3）敏捷化。当前的时代是复杂、多变、不确定的，这也决定了培训内容的开发方向、开发速度和试错速度都要做出调整。

1）组织层。从培训分析、设计、开发、实施到评估的全链路要更加高效，缩短开发周期，加快交付速度，通过数据快速反馈，快速复盘，以便做出快速纠正、迭代等。

2）员工层。在信息碎片化和信息冗余的情况下，员工通过平台的设计能获得清晰的链路和指引，明确学习目的，聚焦中心和方向。

（4）共享化。共享是优秀团队或组织的一个重要特征，对提高协作效率和能力，有着重要的作用。它打破了组织内部横向及纵向的沟通协作壁垒，使员工能够通过知识共享，获取到学习资料、工作心得和管理方法等，逐渐形成学习型组织，打造协作共享、共同成长的学习文化。

1）组织层。组织既可通过内部的学习圈层、统一知识库、统一学习交流中心等，又可通过业务类别、岗位职级、兴趣爱好等进行内容划分，丰富学习交流圈层，建立跨团队、跨部门的学习交流阵地。

2）员工层。通过共享式学习，拉近员工之间、员工与领导之间的距离，同时在共享互动中获得他人的意见和经验，挖掘到原来难以获得的隐性知识。

3. 重塑学习方式

（1）突破工具的局限。新的人工智能技术正在影响着组织的管理，也为组织创造了新的学习平台。现在，越来越多的组织突破了传统培训方式的局限，采用数字化的技术进行线上、线下相结合的混合培训模式。

数字化技术的快速发展赋予了学习方式更多的可能，常见的有各种知识管理平台、培训学习平台、知识库平台等，根据组织的个性化需求，各类平台纷纷开启个性化开发通道，满足用户的多元化培训场景。例如，有一家销售型公司，门店分布广，各地的作息时间差异大，导致统一培训难度大。公司就通过"直播+回放+录播"的组合打法，把课程落实到每一个员工，同时把视频类内容以文案、音频等多种方式呈现，让员工便于选择最佳的方案来学习。多元化的学习方式和碎片化的时间利用，大大提升了员工的满意度和内容的渗透度，提升了组织的培训能力。

（2）打通培训的链路。从纸质内容到多媒体课件，从线下学习到线上交付，培训在不断地变化。随着人工智能、物联网、虚拟现实、大数据和云计算等技术的不断进化，培训从需求分析、培训动机分析、培训实施、学习体验升级到培训结果分析的全链路在线化管理，正在围绕"以人为本"的角度触发变革。同时，还可通过智能技术的应用，分析员工对学习的自主参与程度，进而迭代培训内容和方式，达到提升学习效率的目的。

（3）提升人才建设的速度。组织构建以员工为中心的开放、共享、互动的学习平台，结合人工智能工具提供内容，精准匹配各岗位、职能和业务的需要，加速人才建设的速度。

例如某销售公司，销售的产品多且复杂，一般培养一个销售人员需要花费至少三个月到半年的时间。这对公司来说是较高的培养成本；对员工来说，前面的三个月甚至半年内，销售业绩少，则很难安心留下来，从而进一步增加了公司的用人成本。通过设计搭建出一套销售赋能系统，可以解决这些问题，其主要包括四个板块：①一套完整的新人入职学习地图，让员工按地图进行能力的自我提升和训练；②建立知识库，方便员工自主利用碎片化的时间学习；③组建社群，鼓励员工在群里分享自己的销售心得，分享疑难案例，供员工相互学习和交流；④启动机器人，使查找更加方便智能，当客户提出一些疑问或者要了解一些案例时，销售人员可以直接@机器人，一键获取答案，这不仅提升了服务的效率，也体现了公司的服务能力，对销售人员来讲也提高了业绩。

数字化技术的蓬勃发展，给组织管理注入了新的活力，也为组织培养人才和发展体系创造了更多可能。

数字化时代已经到来，组织的转型迫在眉睫，而人才管理是其中不容忽视的一块内容，要结合战略、业务的发展，从培训技术、内容、模式等全面升级，开发员工愿意学、愿意分享、学以致用的产品。

三、数字化组织的绩效管理

绩效管理是人力资源管理中一个非常重要的模块，也是一个管理难度非常大的模块。它往往跟组织的战略、业务需求有关系，绩效制定得是否合理，直接影响工作产出和结果。其难点是对组织而言需要把握绩效制定和任务分解的准确性和考核的度。由于行业不同、组织不同、岗位不同等，导致绩效的评定、考核方法是灵活多样的，这就要求绩效制定者对业务要有一定的理解。

因此，绩效管理应该使组织的目标和个人的目标保持一致，形成同频模式，同时要让管理者和员工共同参与制定目标，从绩效管理层面注入组织的人性化管理。

（一）数字化绩效管理对各层级的价值

数字化绩效管理相对于传统的绩效管理最大的区别就是过程中的数据沉淀。传统的绩效管理更多关注的是结果，而数字化绩效管理是过程与结果的有效结合。如果把企业比作一辆飞驰的汽车，过程是导航地图，结果是仪表盘，那么过程将确保企业走在正确的道路上，而结果确保企业整体健康运行。数字化绩效管理的方式对于决策层、人力资源管理层、员工层都有相对应的赋能与提升。

1. 对于决策层的价值

传统的组织管理并不是在线管理，线下整理出来的数据结果是散乱的、点状，无法串联，这导致传统的绩效管理数据并不能够为决策者提供有效依据。而在数字化组织中，人、财、事、物及流程都在线化、数据化。传统的绩效管理由于"人"不在线，从而导致人才分布以及和"人"相关的过程行为数据、业务结果数据等无法做到一目了然。数字化绩效管理能够很好地解决这个痛点，企业在用人成本上可以做更加精准的估算，而不是盲目采取人海战术。企业通过数字化的方式用数据反馈企业真实情况，进而改变企业的用工结构，这将成为未来组织的常态化管理方式。

2. 对于人力资源管理层的价值

人力资源在整个绩效管理的过程中属于全程管理的关键角色，对于绩效进度的环节掌握尤为重要。原先，其更多依靠的是个人经验，但是现在一切以数据来说话。数据还可以赋能人力资源做更多的专业决策，这大大提升了人力资源的工作效率和效果。

数据的准确性比以往传统的人工管理大大提升，进而推动整个绩效流程既高效又便捷，从而能够解放人力资源的时间投入，将更多的时间投入组织的建设。

3. 对于员工层的价值

传统的绩效管理对于员工而言，幸福感相对缺失，因为一些员工认为绩效管理就是企业想方设法地来管理自己，从而缺乏自主性，甚至有一些负面情绪。其中的根源就是双方都没有对绩效管理有正确的认知。

数字化绩效管理可以为员工带来三大价值：①评估过程简单愉悦。不同于传统的绩效管理模式，数字化绩效管理更多的是以数据为事实依据，可以清晰地给员工展示在哪个阶段需要去加强和训练，更多的是赋能为主，而不是强管理。这一本质的改变将大大改善企业和员工之间的管理与被管理的关系。②反馈面谈提高能力。管理者通过反馈面谈，将呈现的数据一一与员工进行分析，并且告诉其如何改善，提升效率，直到提升业绩。③激发潜力助力成长。绩效管理的核心是通过对员工的绩效管理进而提升员工的能力，拿到绩效的结果，增强企业的实力。所以员工如果能通过管理进而对自己的潜力领域进行挖掘，那么这样的关系就是共同促进的关系。因此总体来讲，数字化绩效管理的方式对员工的价值提升非常明显。

综上所述，数字化绩效管理对于决策层的价值是降低管理成本，对于人力资源管理层的价值是提高管理效率与改善员工关系，对于员工层的价值是提高个人自驱力与展望未来发展。这是一个共赢的局面。

（二）数字化绩效对组织管理的作用

1. 促使个人和组织的目标对齐和完成

绩效的合理设定能使组织和员工的目标明确。以数字化的方式可以将绩效管理变得透明，让员工与组织的目标对齐，让每一个员工知道目标的核心要求和本质原因，以更好地完成业绩。

同时，通过数字化的工具能对员工的工作结果做一个扁平化的展示，促使管理者思考目标制定的合理性，并发现员工的长处和不足，以更好地改进绩效管理和团队管理。

2. 提升管理者的业务和团队管理能力

当绩效过程和结果有了清晰的沉淀后，管理者能通过数据进行整合分析，找到管理中的不足之处，如协作流程问题、岗位匹配问题、目标拆解问题、任务分配问题等。管理者可以从企业的整体利益、工作效益，以及员工的成长和满意度等维度进行综合考虑，查找业务运作中是否存在问题，进而优化管理方式、流程，以提升管理能力。

3. 促进组织目标的实现

每个组织都有自己的发展规划和战略，每个部门又是围绕着组织的规划和战略运作，每个员工又是围绕着部门或者团队的规划和战略行动，其由上至下层层分解，直至完成组织的战略目标。

对于管理者而言要确保的是每一层的目标都是校准的，因此合理拆解是第一步，数字化的工具应用是第二步。将科学、合理分解后的任务列到数字化的绩效管理工具上，能反推目标分解的正确性，拆解和对齐是组织战略目标得以实现的关键要素。

4. 促进组织人才的建设

在招聘环节，岗位与能力素质的匹配程度基本上决定了员工是否能胜任岗位，而绩效的制定和考评也直接影响和反映着能力素质与岗位的匹配度。同时，人员的配置组合、人才的培养、薪酬的计算发放，都受绩效管理的影响。

数字化的方式可以将这些系统关联和打通，使数据得以流转，协助管理者进行问题分析和优化。

（三）优秀的绩效管理的特征

优秀的绩效管理能发挥员工的工作潜能，助力员工的成长，也能促进组织的目标更顺畅、高效地完成，为组织管理降本增效。优秀的绩效管理具备以下特征。

1. 有明确的目标

绩效制定是一项计划性很强的工作。组织中成员的行动都有工作目标的指引，目标混乱就意味着计划混乱，很容易导致半途而废，或者因目标不清晰导致工作盲目无序。

相反，一个优秀的组织通常是所有成员都保持清晰一致的目标。组织中的每一位成员都知道工作的目标和意义，这会进一步激励员工的积极性，使其感受到每一项任务都有可预见的价值和结果，并朝着目标努力。

2. 有合理的激励

组织对员工的激励机制是绩效管理体系的重要保障。只有将激励与绩效考核有效衔接并对合适的人才实施合适的激励，才能确保员工和企业始终一同成长。

组织中的绩效激励通常有负面激励和正面激励。负面激励会打击员工的积极性；正面激励则要注意激励的内容、方式、力度、规则等是否符合员工的需求。

绩效的制定要求与组织的目标对齐，而绩效的激励也要与组织目标和绩效制定一致，并且绩效激励的标准要客观、量化，才能便于推行。一个合理激励的组织，通常是负面激励和正面激励平衡使用的。

3. 有良好的沟通

在一个文化健康、组织结构合理、岗位权责清晰、绩效和薪酬合理公平的组织里通常有良好的沟通。

绩效沟通应该贯穿于绩效管理的开始制定、过程跟进和绩效考核的全过程。①当组织的目标确定后，管理者将目标进行分解，形成部门/团队和个人的具体任务目标，此时的沟通一方面是要让员工理解上层的目标，另一方面是要大家校对自己所领的任务，如有不合适，则能在制定时及时做出调整，确保目标能够达成。②当目标分解后，员工在工作中可能会遇到种种困难或者项目变化等，此时需要管理者与员工一起来沟通给予支持、提供资源或者其他的解决方案等。③通过考核者与被考核者之间的沟通，对员工进行客观、公正的评价，明确员工对组织所做的贡献以及在工作中的不足点，再配合合理的激励来提升员工的积极性和优化工作中的不足之处，使员工和组织共同成长。

通过管理者与被管理者之间有效的沟通，能帮助员工和管理者以更客观的视角来看待目标拆解、员工工作过程和结果，使双方对绩效评估结果达成高度一致，提高员工对绩效评价和组织管理的满意度。

4. 有担当的团队

绩效管理的目的是实现组织的战略目标，提升组织效能，促进组织和员工共同成长。完善的绩效管理是团队和个人绩效得以达成的有效保证，同时，关键的绩效目标也能使团队和个人聚焦战略、关注目标，顺利完成业绩。

数字化绩效管理的优势是可以实现扁平式管理，一方面便于管理者对过程进行复盘，用科学的方法来优化人员的匹配和任务分配；另一方面，目标管理让彼此之间的协同更加坦诚，以便对目标的制定、任务分解和过程控制等实现全方位的管理，打造一个围绕共同目标的高效互动团队，提升团队的凝聚力和责任感。

在数字时代，智能绩效管理系统可以从目标制定开始介入，实现过程管理到考评的全链路数字化，通过不断优化每个环节而影响绩效结果。数字化绩效管理维度的颗粒化，使绩效管理具备更高的客观性和即时性，极大地提升了绩效维度和过程的透明度，为更精准地管理和改进提供了决策依据。

四、数字化组织的人力资源管理

21世纪以来，随着市场环境的不断变化和技术的不断创新，管理的诉求也在不断迭代，大数据和人工智能的应用也提升到了前所未有的高度。组织中的人力资源管理除了上述讲到的人才盘点、培训和绩效之外，还应将数字化应用在人力资源管理的各个板块，并向其他业务板块和组织战略板块做数据拉通，使人力资源管理更契合组织发展的方向和人才培养的要求。

（一）人力资源管理的演进

组织的数字化变革愈演愈烈，人力资源在组织中的战略地位显得越发重要，其也成为组织数字化转型的关键因素。随着数字化技术的不断革新和社会经济的不断发展，人力资源管理大致经历了以下发展阶段。

1. 人力资源 1.0 阶段

在管理水平和信息技术水平较低的环境中，人力资源管理仅被当作人员信息档案管理，人事部门的工作也通常仅是一些信息登记工作，这一阶段也称为人事信息管理阶段。人事管理方面的工作往往只限于日常考勤、工资计算发放、办理离职退休等事项。

管理层通过记录员工付出的工作时间和获得的工作产出，即计件和计时两种方式来实行劳动定额管理。

在技术层面，我国大多数组织都采取纸质化的处理方式，纸质的人员信息档案、纸质的考勤登记、纸质的薪资结算等构成纸质端人员信息管理的系统。20 世纪 80 年代后期，有极少量的组织启用人事信息管理系统，主要有花名册、算薪等功能。

2. 人力资源 2.0 阶段

20 世纪 90 年代，组织端的人事管理开始向人力资源管理转型，其又称为人事资源管理，此时的管理水平和信息技术水平都上了一个台阶。

在管理层面，人力资源管理的工作如招聘、培训、薪酬、绩效等开始出现，管理开始向模块化和专业化发展，这个阶段的考核以"工作"为核心，管理目的主要围绕员工按要求完成工作。

在技术层面，从人力资源管理的角度出发，开始把管理理论和 IT 技术相结合，员工的人员档案管理、绩效考评、培训管理等模块得到开发和应用，但由于数据的分散，无法形成系统的管理，系统还是以记录、汇总和简单分析为主。

3. 人力资源 3.0 阶段

该阶段的人力资源管理注重投资与回报之间的互动关系，这种整合模式相比前两个阶段更为理性，对市场变化更为敏锐。

在管理层面，人力资源管理的模块日趋成熟，在人力资源规划、人力资源潜力的发展、员工职业发展生涯和业绩评估、激励等多方面有更加全面系统的发展。组织在管理实践中根据战略要求，通过有计划地对人力资源的优化配置，激发员工的积极性和创造性，提高生产率和经济效益，推动企业发展。

在技术层面，一方面，由于分工更加专业和细分，信息技术的应用更加成熟，管理系统也在组织发展、人事调动、培训、薪酬绩效等多维度开始应用；另一方面，员工开始参与系统，比如员工可以在系统上查看部门归属、发起请假审批等。但它最大的问题在于各个模块依旧是一个个数据孤岛，没有办法把数据向管理和业务转化。

4. 人力资源 4.0 阶段

随着人口红利逐步消失，人才对于组织的重要性越发凸显。数字化时代，组织与员工、管理者与员工、员工与员工之间的"隔阂"被打破，如何将数字化融入员工体验设计，如何更科学地管理人才的"选、用、育、留"，提高员工的工作获得感，成为当前代企业的关注热点。

在管理层面，人是组织中最宝贵的资产。在人口红利不断缩小的今天，组织不得不重视员工在工作过程中的感受，从各方面提升员工的工作体验，如提供自由与灵活的工作时间、地点、工作方式等；员工对于自我价值实现、挑战性工作的需求不断上升，组织对员工的培养也要符合员工自我成长的需求；从员工的真实需求出发做好员工关怀等。

在技术层面，随着员工体验浪潮不断推进，应在技术层考虑员工在工作中经历的所有交互场景，进而设计适应于实际管理需求的人力资源平台。一方面，数字化管理技术在员工体验层得到发挥，比如移动化多端同步的系统，实现随时随地办公；通过数据整合分析能力，组建更贴合员工诉求的关怀；通过构建组织学习网，打造具有自驱力、创造力的组织等。另一方面，平台的集成能力加强，组织管理和业务管理的数据得到打通，数据分析更加全面、精准，数据成为组织管理的资源。

（二）数字化人力资源管理的特征

1. 智能的工作方式

人力资源部门通过数字化的运营，通过对工作流程、管理流程梳理，改善端到端的设计，实现流程自动化，提升员工的工作效率，让员工的时间投入在有价值的创造性工作上。同时也通过大数据的能力，在人才选、用、育、留各方面得到发展，提升团队的协同效率和生产力，最终通过数字化的人力资源管理，为组织挖掘、培养人才，满足组织的战略发展需要。

2. 智能的人机协作

过去，员工考勤是需要按时到点进行手动打卡的，当人员分散的时候，人事还需要从各考勤端导出数据，进行手工整合、统计，再与员工进行一一校准。现在，人员打卡不再需要排队，到了公司附近就可以打卡，不再出现因手动导致拥堵、排队等现象打不上卡的情况，同时还能节约排队打卡的时间。人事端无论有多少台考勤机，都能一键导出数据。员工信息录入、打卡、统计、通知核对，包括外勤、出差、请假等，所有的数据都能自动化获取，甚至能直接按既定公式计算薪酬，节约人力资源管理专员的工作量，避免手工带来的误差。

在数字化时代的组织中，越来越多人的协同工作被自动化取代，人机结合的管理场景越来越普及，比如智能面试、自动化入转调离、大数据助力候选人筛选和人才配置决策等。

3. 智能的自助交互

员工体验不仅体现在环境方面的硬件设施、人力资源方面的员工关怀等，还体现在软硬件端的自助交互。有时费用报销延迟、团队协同推进不了、薪资条信息不完整等，都会令员工感到沮丧。

在数字化时代里，上述问题和系统联系在一起，从而得到了更好的解决方案，比如到了用餐时间，员工能在平台上查看到各个用餐点今日的菜单和排队情况；开会前先通过平台查询会议室的使用情况等，提供全方位的自主查询、自主预订系统。

4. 以人为本的价值观

在数字化时代，组织要打造"价值观包容""扁平化管理"的工作环境，建立"员工实时传感系统"和管理机制，用心了解员工的想法和诉求，建立以人为本的组织。

（三）数字化人力资源管理的转型要素

人力资源管理的数字化转型绝不仅仅是数字化工具的应用而已，而是要将数字化的管理思想和数字化的管理工具互相配合，让组织成员具有创造能力，能感受到工作的意义和价值，以应对外界环境的各种不确定性。这里列出数字化人力资源管理转型的三个要素：建立智能组织、进行智能管理和提供智能服务。

1. 建立智能组织

智能组织能够"感知"全局，实现高效地在线协同，具有灵活、敏捷的运行机制。在人力资源管理方面，应具备数字化人才规划能力、数字化人才管理能力和提供数字化服务能力。

（1）人才规划数字化。智能组织从劳动力分析、人才盘点、任职资格和继任与发展计划四个方面通过大数据的能力，进行多维度的考察判断，帮助管理者进行人才能力、人才与岗位的匹配度及其未来发展趋势的评估，提供更为精确化、个性化的人才任职、管理依据，达到提升绩效、增强员工认同度、降低离职率的效果。

（2）人才建设数字化。数字化时代，员工可以利用碎片化时间，自主地进行非正式的、社交化的学习，同时通过员工的学习轨迹，组织可以进行智能的分析，进一步制订出个性化的学习方案。

（3）组织文化数字化。智能组织倡导组织成员共创、共享和共治的生态模式，这就需要组织具有更强的凝聚能力，打造共治共生的组织文化。通过管理的全面数字化，可以实现数字化在组织内外流动和共享。

2. 进行智能管理

通过数字化技术的应用，组织进行人力资源"选、用、育、留"四大方面的管理，提升团队工作的协同效率与生产力，增强员工对企业和岗位的认同感和使命感，激励员工完成更优绩效表现与自我发展。最终，通过人力资源管理的数字化，打造满足企业发展战略需要的人才供应链。

（1）人力资源管理流程自动化。通过对招聘流程、管理流程的梳理，在数字化平台上实现流程的自动化运转。如通过智能简历—智能测评—智能面试—智能培训—智能绩效—智能考评等，打造连续的、可回溯的、有反馈的管理方案，用数据"关注"每一个人，实现组织的自我推进。

（2）人力资源管理模块一体化。将人力资源管理的各个模块与组织战略和业务模块的数据打通，形成平台一体化、数据一体化。在软件层把人才的管理理念和数字化技术相融合，以发展人才技术为核心，构建一体化的人力资源管理系统，同时构建决策分析平台，把收集到的海量数据应用到管理中，进行管理端的不断迭代和升级。同

时组织全面的数字化转型，应该打通人力资源数据、业务管理数据和组织战略规划数据等，形成统一的、集成的、个性的管理门户。

3. 提供智能服务

智能服务以人性化为出发点，以员工为核心，一切以员工为本，让数字化技术为员工服务。通过人性化、精细化的数字化人力资源平台，实现一站式自助服务，改善员工的工作体验。

（1）智能化的环境体验。通过在线智能会议、智能门禁、智能云打印等数字化硬件设备营造智能化的办公环境。

（2）数字化平台的应用。比如开发人才发掘和培养平台，支持员工自助使用，让员工全方位参与人力资源的管理流程。

（3）有温度的管理体验。通过数据整合、分析，了解员工画像，洞察员工需求，打造有温度的管理体验，让员工与企业共同成长。

第四节　数字化组织的机制管理

数字化组织的机制管理要素包含自主决策机制、协同创新机制、考核激励机制和数字化信任机制。

一、自主决策机制

传统垂直职能型组织结构采用垂直管理法，在面临突发紧急事件时，要按计划和流程办事，当层级较多时，层层汇报、层层批示，导致决策周期长。

传统的组织决策层级一般有 4~8 级；60% 是最高领导决策；耗时数周；决策工具为纸质审批单或 OA 审批。

数字化组织决策层级一般有 2~3 级；20% 是自动化决策，80% 是各级人员决策，人员决策中，60% 是基层依靠决策机制自主决策，30% 是中层决策，10% 是高层领导决策；决策工具有群组讨论 + 数据分析 + 智能算法。

数字化组织的决策机制是一个灵活、扁平化、动态调整的决策链路，可以根据不同的事件类型、紧急程度匹配不同的决策链路和处理路径，大幅度提高决策效率，适应业务发展需求。面对外部环境变化，组织需要能够适应变化、拥抱变化，决策机制要以解决问题为导向。

数字化组织的自动化决策需要依靠数字化平台的数据分析，分为五个阶段。第一阶段是将物质世界数据化；第二阶段是将业务数字化，业务数据有沉淀；第三阶段是让数据跑起来；第四阶段是记录保存好数据；第五阶段是运用智能算法将数据运用于决策环节。通过数字技术赋能，有了在线的数据和行为沉淀，将使组织中的每一个员工能够基于数据总结经验助力业务更好更快发展。

很多组织通过数字技术提升了沟通效率、协作效率、审批效率。以某集团审批环节改革为例，以前员工提交审批材料之后，如果需要补充或修改资料，就会很麻烦，因为不知道这个资料流转到哪里去了，要一个个去问，而且要补充或修改还要再发起一个申请流程，手续烦琐、周期漫长，审批流程不透明、权限和责任不透明。通过数字技术平台，员工可以清晰地看到该流程走到哪个审批节点了，还可以一键撤回，或直接组建群组沟通具体情况，大幅提高效率。

数字技术将企业管理层、员工、经销商、供应商、客户、合作伙伴等连接在一起，使沟通协作无处不在，每个人在线、每个流程在线、每个项目在线，实现全链路数字化、沉淀各类业务数据。数字化管理为组织的业务决策提供实时可靠的数据分析，通过智能算法输出最优决策。

二、协同创新机制

规范性增长和创新型增长是一个组织发展的双螺旋。规范性增长的目的是让组织的主营业务更稳定、更高效；创新性增长的目的是让组织发展不断涌现新的增长点，创新是管理者的首要目标之一。

创新力取决于两个因素，一个是环境因素，即组织是否支持创新、具备创新环境；另一个是人的创新潜能，世界上存在所谓的创造型人格，虽然相对罕见，但是无论在文化艺术领域、科技研发领域，还是商业领域，总有一小部分人展现出非同寻常的特质。

创新的一般表现路径为提出问题—搜集信息—总结思考—创意产生—创意评估。提出问题是创新的最初阶段，面对一个问题很难有正确的答案，这就需要问题提出者广泛学习，在信息搜集过程中触发思考逐渐形成一些观点，发现新机会，产生创意，制订可行的解决方案，最终决策层对创意结果进行评估。创新力并不完全能够带来商业机会，创新的想法只有在真正解决问题或者给组织带来正向可规模化的价值时才能成为创新力。

数字化组织的创新机制以市场用户需求为导向，以个体创造力和数据算法驱动。数字化组织的协同创新机制主要从四个方面来进行完善：一是构建基于数据算法的智能创新能力；二是鼓励员工创新创造，打造创新环境，构建数字化的内部创新加速中心；三是整合外部创新资源，激发创新活力，形成内外协同循环的创新环境；四是完善基础保障措施，保护创新想法，保障创新工作敏捷高效开展。

基于数据算法的智能创新能力是数字化组织独有的创新基因和创新方式，它是通过多触点感知、组织数字化、业务数字化、数据流程、实时数据分析和智能创新的闭环而形成的创新力。

构建数字化的内部创新加速中心是提升组织创新力的关键要素，内部创新中心可以连接每一个最小创新单元，如技术研发单元、产品研发单元、解决方案架构单元等。

整合外部创新资源，激发创新活力，形成内外协同循环的创新环境。数字化组织需要团结一切可团结的力量，与组织上下游各个环节优秀的合作伙伴合作共赢、联合创新、创造价值，改变行业新格局，激发组织生态活力。

完善基础保障措施，包括激励、人才、资金、知识系统等，也是组织创新力的关键环节。组织建立创新基金，完善创新制度，强调创新收益与个人收益的关系，不断激励内外部联合创新，能够进一步激发个体活力，将组织创新推上新台阶。

三、考核激励机制

浮动薪资方案一般通过计件工资、绩效工资、奖金、员工持股计划等方式来执行。浮动薪资可以是全部工资，也可以是部分工资，支付形式也是多样的，可以年付、月付，也可以组合形式支付。从实践结果来看，浮动薪资对组织管理带来的结果有好有坏。一项研究发现，当管理者能够公平公正地进行绩效评估，且人际关系在人力资源管理中发挥作用较小时，员工对绩效的满意度才会比较高，才会有利于激发员工持续的创新创造和组织认同感。反之，则会引发组织混乱，优秀员工流失。实践中有如下几种常见的不健康绩效现象。①绩效设置缺乏基本的量化支持，过多关注状态，可能会错评或偏评，打击组织士气、压制最佳发挥。②过度关注指标，较少留意长期价值。所谓的核心指标成了利益分配的主要参考维度，容易让人忽略某些工作对组织长期战略的价值影响，长时间这样，会导致组织陷入唯绩效论，过度的线性考核会限制个人乃至组织的发展，令组织僵化迟钝。③行动脱离于目标。很多个体缺乏对组织的理解，导致个体步调与组织步调不一致，甚至组织内的管理者也会存在这个问题，经常会出现行为策略与目标不一致的矛盾。所以组织绩效推进过程中的沟通协同高频对焦非常重要。

绩效考核是根据工作目标和绩效标准，采取一定的考核评分机制来对员工的工作内容完成情况、履职情况、个人发展潜力等进行评定，并给员工反馈。KPI（关键绩效指标）和OKR（目标与关键成果）是常用的考核方法。

KPI又称关键绩效指标，通过把企业的战略目标分解为可实现的工作目标，明确各个部门的职责，在此基础上，建立明确的、可落地、可量化的业绩考核指标体系。组织、部门、个人都有KPI，这些指标从上往下层层分解，组织目标的制定通常会参考上一年的结果表现。KPI是包括财务指标和非财务指标、兼顾组织效益和可持续发展的一个考核体系。但传统组织的KPI考核经常是人工统计、数据搜集难、考核周期长、效率低下。

OKR是组织从指标管理转向目标管理的管理工具，OKR明确了组织目标和个人目标达成的过程中能够被衡量的、符合因果逻辑的关键动作。OKR会周期性地回顾组织目标、部门目标和个人目标进展，并将关键结果呈现出来，用于衡量在这个周期内组织目标、部门目标和个人目标是否都已达标。这种方式能够为组织明确目标，同时个人也会不断聚焦自己的小目标，确保团队在为共同的目标而奋斗。

数字化组织有助于实现OKR和KPI融合共生的考核机制。一方面，站位要高，从组织战略考虑业务方向和重点；另一方面，着手要低，重视落地过程中的具体细节、关键环节。组织确定战略目标后，通过数字办公平台对战略目标进行广泛宣传推广，员工会以小部门为单位自发针对目标进行广泛讨论，对个人的OKR和组织的KPI达成共识。利用数字办公平台的高效沟通协作功能，员工既能明确自身目标，也能清楚团队目标，助力组织和个人目标达成。

绩效考核主要围绕目标制定、过程开展、工作流程、阶段性成果、创作内容等核心协作场景开展，明确目标和任务或项目的关系。数字化组织可以通过项目管理、待办事项、日志、流程等让过程管理更加透明、清晰，工作流和任务项目无缝联动、过程透明、数据有沉淀，让考核变得更高效、更简单。

四、数字化信任机制

信任是组织运转的润滑器，信任往往是一个人对于某件事情抱有积极心态并易受他人影响时的一种状态。组织的信任关系包括员工对主管的信任、员工对组织的信任、员工之间的信任、主管对员工的信任、主管对组织的信任。

信任对于一个优秀团队来说是必不可少的品质，信任会给团队成员提供安全感和归属感，彼此互相坦诚、共同促进、共同成长，在团队需要的时候产生合作、利他等行为，为共同的目标齐心协力。一个不能互相信任的团队只能说是一群个体在一起工作，他们之间可能不会共享有价值的信息，很难形成合作关系，无法发挥出团队的潜能。一个团队往往会因为违背承诺、不公平待遇、不道德行为、管理者好大喜功、团队成员挑拨离间而导致信任危机。很多管理者不重视团队信任关系，直到团队涣散、信任破裂时才能反思团队管理问题。

（一）信任的价值

1. 有助于效率提升

信任关系会对组织的利益产生直接影响，信任关系让员工更加专注地投入创造业务价值，减少管理者的管理成本，让管理者专注于更有价值的事情。信任有助于提升组织运营生产效率，降低组织内的事务管理成本。

2. 有助于知识共享

知识共享是指团队内或跨团队通过各类渠道进行知识交换和交流，目的在于通过信息共享形成知识的利用价值并对组织业务行为带来积极影响。信任关系是知识共享的基础，只有个体彼此认同，共享才能实现，没有信任就没有有效信息的分享。

3. 有助于团队创新

当工作中遇到利于业务发展的创新想法但是存在一定风险因素时，一个人去行动很难，但是一群人去行动就更加有力量。团队共同承担业务创新会产生的一定风险，此时团队信任关系的能量就会得到最大限度发挥。

（二）信任关系建立的参考要点

1. 利益共享

这里的"利益"不仅仅是指金钱等物质利益，也指团队荣誉等精神利益。建立在"利益"共享基础上的团队关系比较稳固。与不信任的团队成员合作，难以达成目标和行动的一致性，沟通协作成本高。

2. 感情共鸣

团队没有共同语言是可怕的，信任关系的形成一定是基于充分的语言沟通。管理者需要对自己的情感有意识，并能够意识到产生的情绪能够对工作产生影响，关注团队情绪并能够有效管理自我情绪和团队情绪。

3. 价值共生

团队形成初期，需要对组织的业务价值和目标做充分对焦，组织价值和个人价值需要达成一致才能够将人心凝聚在一起，组织价值才能够发挥出它的号召作用、凝聚作用、激励作用和引导作用。

第五节 数字化组织的文化管理

一、组织文化的概念

(一) 组织文化的定义

文化不是一朝一夕形成的,文化是组织成员在不断遇到问题和解决问题的实践与总结中提炼出来的。每个组织都会有不同的问题和挑战,比如,在面对客户投诉时应该如何处理能够提高客户满意度、当员工出现弄虚作假行为时公司是警告处理还是开除处理,等等。当组织遇到问题时不仅要解决问题本身,而且要明确问题产生的原因,沉淀处理问题的经验、方法论、价值观,下次遇到同样问题时就可以用同样的解决办法,如此循环,解决同一问题的次数增多,这一方法就会逐渐成为组织的共同认知。

组织文化并不仅仅表现为一些外在的文化现象,组织文化的核心是精神和价值观念,组织文化中的"共享价值"是引导和塑造员工行为的有力手段。组织文化是在某种行为或者价值倡导被不断重复的过程中形成的,只有当组织成员在描述组织文化时使用同一类词语和观点时,才能说明组织文化的落地是成功有效的。

组织文化是由一个组织的价值观点、组织信念、组织行为准则等所构成的特定的文化形象,是组织成员朝着共同目标一起奋斗的工作方式,是组织成员认可的、行之有效并共同遵守的基本信念,代表组织成员的共同认知。

组织文化是看不见摸不着的,但是又能潜移默化、深入人心。组织文化是组织管理中的"软件"能力,是深植于组织"冰山"中的管理之魂,组织文化应该是在组织成员心目中根深蒂固且能够身体力行的力量。组织管理者应该对组织文化有长期建设规划，让组织文化也成为组织发展的竞争力。

（二）组织文化的类型

组织文化建设是一项长期战略，不仅要关注内容，而且要关注文化变革的内容，使组织文化能够在不断变化的市场环境中与组织战略目标相匹配，循序渐进、动态调整形成适合组织发展行之有效的组织文化。

1. 创新型文化

创新型文化也叫企业家精神文化。拥有该文化类型的组织一般会积极提高组织灵活性和组织变革来满足市场需求，鼓励个人的首创精神、倡导个人积极适应环境变化。这种文化倡导提升个人的市场洞察和反应能力，并将市场环境中的信号转化成所要采取的应对措施。这种文化类型下的组织试图积极主动地创造变化，而不是因环境变化而被动做出反应。因此，它看重创新创造和适当的冒险。

2. 使命型文化

使命型文化适合那些关注满足外部环境中固定的市场客户需求但无须做出快速应变调整的组织。这部分组织注重通过销售增长、盈利能力或市场份额目标的完成实现企业目标。组织希望每个员工都对一个特定领域的业务负责，同时也注重对取得成果的员工给予特定的奖赏。管理者通过设定和沟通组织目标的未来状态来引导员工的行为。因为所面临的市场环境是相对稳定的，因此管理者可以将组织目标转化拆解为可衡量可达成的目标，并将这些目标实现的结果作为评价员工绩效水平的指标。这种文化一般代表了强势竞争和利润导向的行为。

3. 团体型文化

团体型文化也叫小团体式文化。这一文化类型下的组织注重组织个体成员的参与度，以及对外部环境迅速变化的要求做出反应。强调企业成员的共享、共治，激发员工的责任感，从而产生对企业更强的归属感和认同感。与其他类型的文化相比较，这种文化更强调满足员工的需要是组织取得高绩效的关键。而共享、共治会使人产生责任感和主人翁意识，因而会使员工对组织更加投入、做出更大的承诺和贡献。可以说，这种组织最大的特点就是关爱员工，关心员工的工作和生活需求，通过提高员工幸福感和获得感，间接促进

生产效率的提升，为应对激烈的市场竞争与多变的经营环境提供强大的组织能力支撑。

4. 行政机构型文化

这类组织更多地关注组织内部，它依据外部环境相对稳定的特性而注重强调组织内行为的一致性。这类组织文化的基本特点是，更注重业务经营的方式方法。它使用仪式、象征物、典型事迹、自上而下的宣导等来促进员工之间的合作，发扬组织的传统，以及促使人们遵守既定的政策、惯例，以此作为实现组织目标的手段。

在这种组织中，成员个人的参与程度比较低，相对说来更强调组织成员行为的一致性、循规蹈矩和合作等。这类组织是依靠对组织宗旨的高度一致认可和规范的行动节奏来获取成功的。

（三）组织文化的价值

组织文化的功能是指组织文化发生作用的能力，组织文化能够在组织生产、运营、管理等方面起到的作用。简单来说，就是界定了组织行为边界。优秀的组织文化会使组织成员产生自豪感，驱动组织成员优先考虑组织利益而非个人利益，最后通过意识形态和机制控制增强组织结构稳定性。

1. 组织文化的功能

（1）组织文化的整合功能。通过组织文化培育组织内部成员的认同感和归属感，建立起个体和组织之间信任依存的关系，使组织内个体的工作行为、工作思想、工作态度、工作信仰乃至生活习惯整合在一起，使工作和生活形成合力，激发个体创新创造力，激发组织活力。

（2）组织文化的适应功能。通过组织文化能从源头上改变组织成员原有的价值选择，建立起新的价值取向，使其能够适应新的组织发展需要以适应外部环境的变化。每个组织在长期的社会磨砺发展中都会产生新的文化变革的需要，进而重新设计重新梳理新的文化体系以适应市场发展，在这个过程中，需要逐步打磨组织文化直至被组织成员认可和接受。组织成员会自觉遵循被认可的组织文化，如若违反，成员会感受到不安、愧疚、自责等情绪从而修正自我行为。其功能是指导组织日常行为并能够快速适应外部市场环境因素变化做出动态调整。

（3）组织文化的导向功能。组织文化作为团队共同的价值观，与明文规定的规范条例不同，它是一种软性的思想约束，通过组织的共同价值观不断向个体价值观渗透和内化，促使个体能够自我调节，以一种可被调节的机制引导组织行为和活动。

（4）组织文化的发展功能。组织文化的发展功能是指在组织的发展过程中形成的经验和方法沉淀，通过不断实践与总结、反复推敲打磨、反馈和优化而被不断更新迭代，组织文化是可以保持不断进步发展的。

（5）组织文化的持续功能。组织文化的形成受到政治、经济、社会、人文、自然环境等因素的影响，因此，组织文化需要长期的培育，是一个漫长和复杂的过程，任何文化一经形成，便具备可持续性，不会因市场环境或组织结构调整而突然消失。

2. 组织文化的作用

不同的组织文化在组织内的影响力是不同的，组织文化如果想在组织内有效实施，核心要素是其内在张力、凝聚力和持久力，而这些核心要素正是组织文化对组织产生的积极影响。组织文化在企业中的作用如下。

（1）激励作用。数字化组织的文化管理要具备以人为本的特征，组织文化对于广泛调动组织成员具有积极意义，能够起到鼓舞人心的激励作用。组织文化的激励需要结合目标激励、管理层激励、奖惩激励等多种手段糅合使用，从而激发组织成员的劳动积极性。这个内在动力是组织发展的源泉。组织文化可以看作是组织内部的"精神动力学效应"，这个无形的动力可以使组织成员具备组织自豪感、主人翁责任感，转化为组织生产力。

（2）导向作用。组织文化代表着组织观念，从而决定组织成员的价值选择，确定组织的共同目标。数字化组织更加应该加强组织活力建设，在数字经济时代背景下形成自己独有的价值观、精神思想和行为方式。

（3）规范作用。组织文化是以组织整体利益为出发点而制定的一套被组织广泛认可的行为准则，以此来约束组织成员的工作行为、工作态度、为人处世等，使组织成员往同一个目标方向发力，自主自觉维护组织形象、荣誉和利益。大多数组织都会确定一套行为准则，用于规范组织和个体的活动。

（4）凝聚作用。组织文化有利于培养组织成员的命运共同体意识。组织文化将组织的利益、形象、荣誉和前途清晰地展现给员工，使其知晓个体与组织的密切关系。

这是共性认识，是凝聚力的来源，它能够促进组织内的文化交流，使竞争环境更加友好和健康，促进成员之间互相信任、支持、团结一致，形成组织的向心力。

（5）稳定作用。组织文化一旦被有效实施后，就会从物质到行为、到制度、到精神层面渗透进组织和个体中去，对成员形成思想和行为指引，成为个体成员心理结构的一部分。这种组织对个体长期发生的思想和行为的指引，在一定程度上能够替代原有行政手段的强制控制，提升管理效率。

（四）组织文化的主要内容

1. 组织的价值观

组织的价值观就是组织管理者和组织成员对于该组织的生产、经营、管理等一切行为的基本观点，包括组织存在的价值、组织目标、各项规章制度等内容。组织的价值观是组织面对问题时的判断标准、行为指南、选择方针、基本观点。它具备不同层次和类型，同时具备批判性、可调节性、驱动性。优秀的组织会向往更加崇高的组织理想、社会责任、卓越信念。

2. 组织的精神

组织的精神是在不同的社会环境中精心培育而逐渐形成的，组织的精神能够为组织成员的心理态势、价值选择和行为主导意识提供指引方向。组织的精神是一个组织基本素养和精神风貌的体现，是一个组织的形象、地位、气质的体现，也包含了对于未来发展方向和远大志向的体现。

3. 组织的道德规范

组织的道德规范是指从道德意义出发制定的组织行为规则。通过社会舆论来规范组织成员的行为，以道德规范为基础内容的行为规则是很多组织用来补充和完善组织管理的手段，使价值观融入组织文化。

4. 组织的基本素养

组织的基本素养包含组织成员的基本思想素质、文化教育水平素质、科技研发水平素质、工作技能素质、身体健康素质等。素质越高的企业，组织的管理修养就越高。

5. 组织的形象

组织的形象是指社会公众对于组织、组织行为、组织发起的各类活动的整体评价，反映的是社会公众对组织的认可程度。组织的形象就是组织的品牌、声誉、知名度。组织形象的常见影响要素有产品质量、服务质量、组织成员形象、组织管理者形象、社会形象等。

（五）组织文化的要素

组织文化的要素主要有以下四个层面，四个层面浑然一体、不可分割。

1. 物质层

物质层是指组织的物质文化，包括组织办公环境、生产设备、文化生活相关的物质要素构成的器物文化，是一种以物质形象为主要特征的表层组织文化。物质文化凝聚着组织文化中抽象内涵的外在表现，物质层是人们最直观容易感知到的内容。

2. 行为层

行为层是指组织文化的行为文化，是指导组织行为和组织成员行为的指南和准则。

3. 制度层

制度层是指组织文化的制度文化，具体表现就是组织的各类规章制度、组织结构内部协作关系、道德规范和员工行为准则的总和。

4. 精神层

精神层是组织文化的核心主体，是组织成员的意识形态，包括工作态度、敬业精神、人文主义、道德主义等价值观念。

二、组织文化的传播

组织文化的传播过程实际是组织成员接受和学习组织文化的过程。在组织的日常工作中，组织文化会以多种形式进行传播，主要有以下几种方式。

（一）通过故事传播

在很多组织中流传着有关组织创建、领袖人物、创业阶段、创业历史、重大转折事件等的故事。传播符合组织文化的价值观故事，有利于组织内外部成员知晓和理解这个组织的内涵和独特性。

例如，组织可以将优秀人物和故事设置为数字化办公平台的开机画面，公司大事记通过日志的方式轮值记录撰写，收集公司发生过的故事和关键事件。

（二）通过活动仪式传播

活动仪式通常是组织精心设计的，这些活动具备主题和目的性而非重复性活动，其通常在重要节假日、员工生日周年、年中年底、业务重大突破时举办。活动仪式是强化组织文化的重要方式，是管理者分享组织信念和理念的舞台，是员工展示个人成长、组织热爱和组织信仰的舞台。通过这些活动仪式，组织可以向组织成员传递组织的方向和目标等。

例如，组织利用群直播记录活动过程，可以让更多不在本地的员工感受到全国各地的活动氛围；利用日历提醒工具，自动提醒相关成员当天周年、生日、重要节点；利用群红包和群图文，让更多人看到和参与到热烈的氛围中。

（三）通过语言传播

在很多组织中流传着谚语、口号或其他形式的语言表达。这些语言通常会唤起组织成员的共同情感，代表着被大家认可的价值主张。特殊的语言符号能够在非协商情况下，使组织成员产生行动的一致性。语言不仅能够凝聚组织成员，也能对外界社会产生影响。中国有很多优秀企业家的创业故事被社会广为流传。

例如，组织可以制作公司词条或百科，记录这些语言背后的故事，让更多看到引用的人可以还原最初的故事场景。

（四）通过物质传播

组织文化的传播物质可以是各种形态，如组织的文化墙、文化衫、勋章、旗帜、周年礼物、生日礼物、办公室环境陈设等，很多组织使用实物来传递组织文化。

例如，在线会议室名称可以更改为具有公司文化属性的系列名称；数字化办公平台可以设置虚拟文化墙，展示榜样和荣誉；线上自动触发和发送电子性质的礼物；使用科技感便捷性的办公设备，如无线投屏、无线打印、自主扫码领取物品等，传播自由和科技的文化氛围。

思考题

1. 数字化组织与传统组织相比，有哪些定义上的延展？
2. 数字化组织的核心价值是什么？

3. 数字化组织的主要特征有哪些?
4. 数字化组织与传统组织相比,在流程设计上有哪些不同?
5. 数字化组织的关键角色有哪些?
6. 数字化人力资源管理的四个特征分别是什么?

第三章
数字化业务管理的体系与架构

随着数字经济时代的到来,各行各业都在发生业务转型,传统的业务模式开始借助数字化技术向专业性、精细化方向发展。无论是营销、服务、生产还是制造,都在强调业务与科技的融合,大力开展数字化转型工作。

按照业务创新转型的方向和价值空间大小,数字化转型带来的价值可分为三个方面:生产运营优化、产品/服务创新和业态转变。一是生产运营优化,主要是基于传统存量业务,聚焦内部价值链开展价值创造和传递活动,通过传统产品规模化生产与交易,获取效率提升、成本降低、质量提高等方面的价值效益;二是产品/服务创新,为拓展基于传统业务的延伸服务,沿产品/服务链开展价值创造和传递活动,通过产品/服务创新开辟业务增量发展空间,获取新技术/新产品、服务延伸与增值、主营业务增长等方面的价值效益;三是业态转变,为发展壮大数字业务,依托与生态合作伙伴共建的开放价值生态网络开展价值创造和传递活动,获取用户/生态合作伙伴连接与赋能、数字新业务和绿色可持续等方面的价值效益。

业务领域的数字化转型不可一蹴而就,也不可照搬照抄,各行各业需要结合数字化战略和阶段制定符合自身特征的数字化转型升级策略。

第一节 数字化的战略

一、数字化总体战略概述

战略是一种从全局考虑、谋划实现全局目标的规划。推进组织进行数字化转型，就是为了更高质量、更高效率、更低成本地达成组织全局目标，实现业务、管理、技术等全面转型。组织数字化转型战略完成，旨在建设全链路数字化业务体系、技术体系、组织体系，成为数字化组织，以更快更好地实现组织目标。

（一）战略分解

数字化组织的战略目标可以分解成业务目标重构、组织目标升级和技术目标赋能。

1. 业务目标重构

组织通过业务全链路数字化转型，提升组织的生产力，加强业务能力的共享、整合和复用，促进产业链协同、业务协同和生态协同，创新产品、品牌、营销、服务等模式，实现数字化驱动的新增长。

2. 组织目标升级

数字化组织的建设目标是实现柔性、动态化、敏捷化的组织形态，当前的常见方案是构建"前台+中台+后台+生态"的组织架构，实现用户、组织和生态的高效沟通与协作，向"全员共享+全员共创+全员共治"的理想化组织治理阶段迈进。

（1）组织成员。在理想状态下，数字化组织内的成员可以实现自我管理、自我学习、自我共享和知识共享。

（2）组织形态。数字化组织的组织形态是"前台+中台+后台+生态"的组织架构，有助于形成柔性、动态化、敏捷化的组织形态。

（3）组织机制。数字化组织的组织机制更加追求协同创新、自主决策、数据驱动的治理方式，用自激励、自组织、信任、共享等管理机制激发成员的创造力。

3. 技术目标赋能

技术目标赋能是指通过数字技术的升级改造可以让技术支撑战略目标更快更好地达成。当前的常见策略是重构"端+应用+中台+云"的数字化技术体系，赋能业务重构和组织升级。

（1）端：指各类终端设备，如手机、平板电脑，以及各类设备显示器和操作面板。这些终端设备一般在数据的最初录入阶段和最终数据输出显示阶段，这一头和一尾的两"端"高频出现在工作流程中，因此需要敏捷、实时、智能、海量的数据采集方式，在技术部署时，需要考虑一次开发和多端同时部署。

（2）应用：指承担具体服务的软件工具，各种业务流程和信息交互都发生在各个应用之中，好的应用可以实现业务创新、生态协同、高效管理等目标。

（3）中台：指为组织管理、业务管理和数据治理提供的统一基础服务，这种服务既可能是真实的组织架构，也可以是技术平台，提升组织协同、业务协同、数据共享和低代码开发等工作的效率。

（4）云：指数字化组织和业务的重要基础设施，为其他所有数字化的服务场景提供稳定、安全、低成本和高性能的云原生服务。

（二）战略制定

组织不可能独立存在，必然要和环境中的各类因素有关联。数字化组织在制定整体战略时，应该分析外部环境和自身能力，动态分析战略实施中各种因素的变化和组织核心竞争力的影响，保证组织的持续健康发展，实现组织的战略目标。

战略的制定过程也是一个数据分析过程。在制定数字战略的过程中，会分析行业数据、用户数据、企业数据等多维度的内外部数据；在实施数字战略的过程中，会协同内外部组织、跨行业组织之间的资源，以用户为中心打造"数据+算力+算法"驱动业务发展的全方位战略。战略制定的过程也是让全员对未来发展形成共识的契机，让全员共同看到未来,而数字化状态的战略,更便于全员共享战略目标。

(三)战略规划

1. 规划蓝图

战略规划是对战略进行清晰的分析部署,形成战略蓝图。数字化组织通过对外部环境变化的观察和内部组织核心的深入分析,确定组织发展的基本目标,围绕重点战略形成有效的策略。数字化组织围绕"战略""目标""策略""战役"的逻辑,逐层将战略分解到核心战役和战术性KPI(关键绩效指标)。

数字化组织用智能化技术辅助策略规划,逐层衡量组织战略、管理战略和业务战略,通过音视频会议和在线文档等方式将战略宣贯到各级组织与个人中,并将KPI和指标下达到各级组织中,促进策略实施和战略目标的全面实现。

2. 排兵布阵

组织的排兵布阵是通过数据、算法和算力的技术手段了解组织信息,建立组织大脑后,再模拟各种阵型,选择最优的阵型,从而发挥组织每一个人的作用,实现降本增效。

3. 组织阵型

组织阵型的设计是在组织内如何排列组织,使数据和信息更加高效地在组织内外部流通,增加组织的协同性,提高组织的效率。数字化组织围绕业务的策略,通过扁平和柔性动态化的组织阵型,有效利用组织资源,减少部门之间的冲突和降低各项成本。与此同时,数字化组织还鼓励个体不断创新,发挥个人的最大价值。

4. 关键战役

组织关键战役是对关键战役进行一系列的业务设计、技术设计和组织设计,使组织的成员对关键任务做到心中有数,从而实现没有时差、没有误差的执行。

(四)战略执行

1. 保障机制

为了保障战略的顺利执行,数字化组织需要针对性设计执行保障机制,包括但不限于沟通、协作等内容;组织需要建立一整套丰富且不断迭代的机制,如沟通、群管理、日程、音视频等帮助管理人员实现组织数字化;需要通过项目群、项目管理等应用实现数字化；通过文档、表格、知识库等应用提高决策效率。

2. 监控战役和关键指标

为了保障策略顺利执行，组织需要设计关键的战役来管控组织成员的绩效。与此同时，组织还需要对设计的指标进行监控，比如在日常的管理过程中，设置组织各部门的考勤、日志等指标，在业务部门设置营收指标，在管理层设置任务进度等指标，并对指标的各项数据进行实时的监控和反馈，设置数据的推送，确保指标可以上下一致地推进。

3. 招聘、人员辅导和日常管理

为了保障战略的落地执行，业务日常管理、招聘和人员辅导是尤为重要的。业务部门和管理部门要及时沟通，从而寻找到合适的业务人才，完成制定的目标。

（五）战略复盘

1. 复盘战略

为了应对用户的需求、产业环境、市场竞争、技术发展及管理的各种变化，策略调整应该是谨慎、缜密的，尤其是关系到整个组织的发展方向、目标绩效、合作模式等一系列问题时，关键战役的复盘极为重要。借助移动办公平台，组织不仅能记录关键战役的业务数据，使复盘工作尤为便捷，还能运用数字化的文档、纪要、项目管理等功能帮助组织成员迅速查找问题、分析问题，不断调整优化组织的策略。

2. 优化业务形态

组织需要不断实施业务形态的优化策略，通过优化与完善业务，保证竞争优势。

3. 推进高质量对话

组织需要通过搭建复盘与分享的沟通交流渠道，邀请相关领导、成员对关键战役的精髓与要点进行宣贯，并指挥后续的战略实施。

4. 传播战绩

组织将个人和团队的优秀战绩及时、无误地传达到各层级中，既能鼓励创新，又能推广优秀经验，帮助组织挖掘各类人才。

（六）战略调整

战略调整包括战略的推进管理、利益分配优化和人员的培养使用。

1. 战略推进管理

组织要快速考核战略与战役的效果，快速评价战略目标及方向的正确性，推动战略成果对战略方向形成正向的反馈。

2. 利益分配优化

组织要明确利益分配的标准，明确激励机制与各种岗位的薪酬方案。通过反馈的数据能够准确地了解成员的工作量、绩效及工作创新，从而使组织的利益分配更加合理与高效。

3. 人员的培养使用

通过对组织成员工作期间的工作能力、忠诚度、执行力与工作岗位需要的各项工作素养的考核，帮助组织留住优秀员工，淘汰不合适的员工，保证组织的稳定性。

二、数字化转型的启动

（一）确定转型目标

组织进行数字化转型要突出目标，以战略目标为指导思想，思考现有阶段的业务体系是否支撑业务创新、组织体系能否满足组织变革的需求、技术体系能否解决组织数据孤岛和业务孤岛。如果现有组织不能满足个性化需求、高频的敏捷响应、多场景的管理诉求，那么组织数字化转型就变得非常急迫和必要了。

（二）坚定变革决心

组织数字化转型是一场从上到下的战略升级，是对业务、组织、技术体系的颠覆变革，由管理层牵头，要在业务、管理和技术等团队中达成共识。在组织数字化转型中，领导要先做好组织数字化转型的总战略，按照规划分步实施，找到组织数字化转型的切入点，着力解决组织业务、管理和技术问题。

（三）组建协同团队

组织数字化转型是多方参与、持续迭代运营的过程。在建设组织数字化转型过程中，团队需要不同的角色，不仅要有高层领导团队，要有组织管理团队、业务团队、技术团队，而且要上下游的外部资源参与进来，使各方通过紧密沟通、协作、轮岗等过程互相配合完成目标。

特别对于分散度高和竞争激烈的行业，行业中大型组织的业务、技术和管理体系复杂，组织通常需要管理团队、业务团队、技术团队和上下游的外部资源团队共同参与，对组织数字化转型进行全面剖析和搭建。

（四）确定转型路径

基于数字化转型的思路，以端到端对业务各环节、技术各层次、组织各领域进行重构，打通人、财、物、事、产、供、销、研全链路全流程，推进数字化技术和组织协同全面融合，形成组织、业务、技术在全生态的价值共振，实现增量创新发展。围绕组织体系、业务体系和技术体系三个角度进行数字化转型，具体路径为基础设施云化、触点数字化、组织与业务数字化、运营数字化和决策智能化。

（五）运维管理系统

面对不确定环境的组织数字化转型是不断验证的过程，很难做到一步到位，需要小步快跑。组织要根据实际的情况进行统筹规划、迭代优化，从局部试点到小步快跑再到全面普及，一步一步建设符合自身发展需求的组织体系、业务体系和技术体系。

1. 局部试点

建设初期，当组织遇到业务痛点时，应推动数字化方案的局部试点，通过局部试点解决局部问题，为整体数字化战略奠定基础。

2. 小步快跑

在局部试点的数字化建设基础上，组织将数字化理念逐步更新到业务场景和管理场景，通过多业务场景和多管理场景实战，培养组织数字化转型的能力。

3. 全面普及

经过逐步试点，产生业务问题的解决方案和多场景应用的能力沉淀，组织开展全面数字化转型，实现业务和管理环节的全面协同、数字协同和智能决策。

（六）持续运营

数字化转型是否取得成功主要看运营。数字化转型是通过数字化的技术帮助组织实现数据高效、快速、智能的运营。最终通过用户使用数字化工具，激发个体创造力，沉淀更多数字资产，反馈数字化转型的成功。因此持续运营会带来持续深化的数实融合，实现数字化战略转型升级。

（七）评价与改进

组织推进数字化转型无论是初期、实施和运营过程中，还是后期的持续运营，评价数字化转型工作都是非常重要的，组织需要通过成熟的评价体系对数字化转型进行统一评价。

三、数字化转型的路径选择

数字化组织的建设路径可以简单归纳为"五步走"——基础设施云化、触点数字化、组织与业务数字化、运营数字化和决策智能化。它们组成了组织从感知、认知到行动的智能化闭环。

基础设施云化是数字化组织建设的基础，通过全面上云支撑高算力和弹性的需求。

触点数字化是数字化组织建设的前提条件，反映数字化组织与各方交互水平和获取数据能力的成熟度。

组织与业务数字化是数字化组织建设的重点，真正支撑数字化组织的业务敏捷、创新与高效协同。

运营数字化是数字化组织建设的核心，将数据收集交互和共享形成数据中台，让组织实现全面的数据驱动。

决策智能化是数字化组织建设的目标，帮助数字化组织实现敏捷、高效的智能决策。

（一）基础设施云化

基础设施云化体现了组织数字化转型的基本能力。云计算为组织数字化转型提供了算力并支撑组织化运算的存储能力、数据之间的连通能力、敏感数据的安全能力和对数据离线及实时处理的能力等。组织也需要连续的、稳定的、成本优化的智能运算环境。

1. 基础设施云化的策略

基础设施云化即组织的全面上云。组织需要考虑业务需求、技术背景和数字化战略的要求，制定组织全面上云的目标，找到核心的价值点，评估投资回报率，分析组织财务模型，制定全面上云的策略。组织全面上云需要避免三个误区。

（1）上云以价格最低为优。上云是为了高经济性，在制定上云策略时，财务部门会要求组织的技术部门在上云的各个环节中争取最低的价格。但实际并非如此，尤其是上云在迁移、转换和应用初期，有些隐形的成本非常容易被忽略，导致价格看起来似乎最低，但是实际效果是总体成本中最高的，因此得不偿失。

（2）一次性全部上云。全面上云不是一次性全部上云，而是一个逐步的过程。组织全面上云是为了实现技术和应用的数字化，但受很多因素影响，某些组织可能更适合分批次上云、混合云、私有云等方式。

（3）忽略数字资产。组织全面上云是从物理设备到虚拟服务的转变，在制定组织全面上云的策略中，很多组织只重视服务，而忽略了对数字资产的沉淀和规划。

2. 基础设施云化的路径

基础设施全面上云的路径包括存储资源上云、安全防护上云、资源上云、网络上云及办公桌面上云五个方面。

（二）触点数字化

触点数字化是指组织内外的员工、合作伙伴等的触点全面数字化，包括产品触点数字化、交易触点数字化、生产触点数字化和物流触点数字化等。

1. 触点数字化的策略

（1）全接触。利用移动互联网、物联网等技术，组织可以实现与员工、用户、合作伙伴以及核心资产等全链路的连接，通过各个触点的移动化、数字化、智能化，组织可以对生产设备状态、产品状态、用户行为、员工与合作伙伴进行多维的感知，从而使组织全链路数字化。

（2）全数据。触点采集数据的质量，直接决定数据的价值，如何利用触点采集及时、高质量、安全的数据是组织进行数字化转型的核心。

2. 触点数字化的路径

触点全面数字化是实现组织竞争力的保障，其路径如下。

（1）用户触点数字化。通过数字化会员的形式，组织对用户进行触达，在用户注册、购买、付款、售后等每一个环节都有触点；还可以对用户行为、习惯、地区等属性进行多维统计和分析。

（2）产品触点数字化。产品触点数字化的意义是实现线上和线下的联动，为数据驱动提供坚实的基础，以用户为中心的场景化产品知识图库能更精确地洞察用户行为，为用户带来更好的体验，也能与产品生命周期结合，推动新产品的研发。

（3）交易触点数字化。组织通过交易行为的数字化，摆脱空间和时间的限制，让交易随时随地发生，通过记录用户的行为对数据进行全面的预测和分析，能够优化品牌、产品、营销、服务等环节。

（4）生产触点数字化。生产触点的数字化是指生产车间、设备和工厂的数字化、智能化。在生产过程中工单数据、生产、发货、安装等环节都有关联，每个环节都可以实现数字化且每个环节都有触点数据，组织可对每个环节进行监控。例如某公司数字化4.0车间配置了智能制造设备、智能仓储设备、智能物流设备和智能质量检测设备等，将车间等生产线转型为智能化生产线，极大缩短了每批设备的生产周期，减少了工序间的时间，实现了全面智能化的生产。

（5）物流触点数字化。物流触点的数字化包括三个层次。

1）物流触点的数字化要求设备全面配置传感器。智能物流园区通过配置传感器使整个物流产业上下游的设备连接在一起，进行实时感知，一旦出现异常情况即可预警，从而减少了传统人工巡检的工作量，并且更加安全可靠。

2）物流触点的数字化要求智能终端全面自主运算。在智能物流的产业链上，智能摄像头捕捉影像进行实时分析和计算，在车辆备货、调动等管理领域实现智能预警，大大降低成本。边缘计算技术解决了计算瓶颈的大问题，摄像头拥有计算能力，所有的事件都可在本地判断和识别，将结果传输到云端，极大节省了带宽。由于摄像头部署在本地，不经过公网，因此可针对本地异常事件达到毫秒级响应的速度。

3）物流触点的数字化要求"机器学会智能思考"。智能化仓储是物流园区核心的组成部分，包括智能拣货、智能存储、智能分拣等模块，自动化流水线、机械臂和自动导引运输机器人的使用极大提升了仓储分拨和拣选的效率。

（三）组织与业务数字化

组织与业务数字化的重点是实现组织的管理数字化、流程数字化和业务数字化。一方面，需要组织快速响应各方的信息，对业务各流程进行优化，实现组织内外部沟通协作的高效提升；另一方面，为响应市场日益复杂的需求和场景，组织需要对全链路的应用进行升级优化，促进生态的协同与开放。

1. 组织与业务数字化的策略

（1）组织与业务中台化。数据驱动组织创新与业务变革的前提是实现能力的组件化。组织基础的商业模型、管理模型与业务数据相融合，形成可以灵活使用的中间件。这些中间件支撑面向产品的创新、库存的调配等各环节业务的高效协作和业务创新，支撑组织协作、沟通和排兵布阵。与此同时，组织管理与业务实践不断积累的业务数据反哺到中台，使其能力不断提升。

（2）组织与业务数字化。组织要推进架构的在线化，使组织中权责明晰，任何人都可以在组织中找到相应的人和资源，推进业务提升让每一个员工拥有新的生产力工具；推进沟通的数字化，实现信息交互的平等、高效、安全、互信；推进任务在线协同，使每一个业务之间互相支持协作；推进业务的数字化，通过数字化的技术，记录业务流程和数据，让业务全面数字化，提高敏捷决策的效率；实现不同系统的打通、跨场景协作和连接，推进数据化的管理和决策；通过对上下游和服务对象的在线化连接提升生态用户的体验，让每个人都成为生态进步的发动机。

组织要通过员工生态等组织数据的收集和分析，对产品、品牌、制造、营销、服务等业务环节的感知与挖掘，建立数据分析、智能、决策等数字化工具，通过数据洞察用户行为，建设数据驱动的组织和业务流程。

2. 组织与业务数字化的路径

（1）建设组织与业务中台。组织中台可以对沟通协作等环节进行建模，整理出功能的需求，驱动组织实现智能化的提升。业务中台能够对业务进行建模，整理出业务所需的功能需求，驱动新品研发、智能生产、品牌营销、产品销售等环节，提升创新能力。

（2）开发组织与业务应用。开发组织与业务数字化应用的口诀是"选""搭""建""连""跨"。"选"是指选择业务数字化与组织数字化的成熟应用。"搭"是指用低代码应用开发平台搭建长尾应用。"建"是指使用代码和接口进行业务应用的自定义创建。"连"是指业务数据的互联互通，实现不同业务系统的数据和流程打通。"跨"是指跨组织、跨场景和跨业务的连接。

（3）推进组织数字化应用。一是组织管理的全链路数字化，在沟通协同等领域实现数字化；二是在组织人员、形态、机制要素上变化，实现组织要素的数字化，建立组织文化、智能人事、智能薪酬、智能招聘等；三是在个人成长和组织治理方面积累数据行为、决策数据，实现数据运用的场景化；四是通过组织数字化实现实时反馈、智能评估、辅助决策和优化迭代，实现组织的决策智能化。

（4）推进业务数字化应用。对品牌、产品、制造、营销、服务等环节进行数字化建设，产生的各种数据让资源得到充分匹配，让业务决策没有误差和时差，以更好地推动业务持续创新。

（四）运营数字化

1. 运营数字化的策略

（1）全链路数据化的策略。运营数字化的关键是构建以数据为中心的运营逻辑。数据既是起点也是终点，从企业的运营到部门的运营行为，都要以用户和业务数据为核心来开展，组织可以通过数据分析快速找到运营的问题，分析问题的原因，制定相应的行动策略和方案。新的行为产生新数据，再针对这些新数据发现的问题进行改进，这样可以快速迭代业务的流程、资源的配置和管理的方式。运营数字化是让组织的业务全链路的流程和环节以数据的方式运营。

（2）数据可视化。数字化运用最常见的形式是数据可视化，是通过数据分析形成可视化的看板，让管理者高效、清晰地监控业务情况，如销售业绩的监控大屏等。数据可视化免去了大量人工统计并制作数据报表的烦琐工作，把原来制作报表的人解放出来，让他们做更有价值的新工作。管理者也不需要听下属汇报就可以了解业务的实施情况，一目了然观看数据大屏即可。

（3）数据业务化。数据业务化就是把数据作为应用来赋能就业与创新业务。用数据算法监控销售广告的效果、用测试的数据进行新产品的研发、用数据预警库存等，都属于数据对原有业务的赋能。数据的创新更可以表现为数据能力的向外输出，对上下游与生态合作伙伴进行数据赋能。品牌商家也可以向代工厂开放指定的销售数据服务，数据经过集合能够产生集约效率。

数字业务化可以赋能新的业务。组织采用运营数据服务可以对新的业务进行效果宣传，来降低试错的成本。具体的做法是组织对目标用户进行分类，针对旧的媒体投放有效的某类属性用户样本，在新媒体上进行投放，经过一段时间的测试和优化后就可拿到新旧媒体的数据对比。这些数据反映了新媒体人群的行为偏好和内容偏好，便于组织快速决策来适应新业务。

2. 运营数字化的路径

（1）业务数据化。让组织的业务行为既有触点，也有记录，通过数据的采集形成数据源。

（2）数据资产化。对采集的数据进行分类管理，通过数据的清洗、分类，把原始数据变为数据资产。

（3）资产服务化。对数据进行接口封装，形成产品和工具，让数据具备业务能力。

（4）数据业务化。根据业务的需要随时通过工具获取数据，对这些数据进行分析，支撑业务持续发展。

（五）决策智能化

管理的本质是决策，决策就是让管理者在合适的时间用合适的方式做出决策，这是理性与感性、主观与客观互相融合的结果。由于影响决策的因素非常复杂，决策者需要具备甄选和提炼有效信息的能力，也需要具备假设和推理的能力，因此决策智能化是一个世界性的难题。

决策智能化是数字化转型的终极目标，也是组织从业务驱动走向数据驱动的过程。随着云计算与大数据分析技术能力的不断提升，数字化场景不断丰富，智能化决策经过不断的学习与训练可以做出更加合理的决策，形成良好的学习反馈闭环，帮助组织和管理者实现智能决策。

1. 决策智能化的策略

（1）数据驱动。数据驱动就是让管理者通过分析有效的数据，并根据现有的信息进行决策的过程。决策智能化依赖大数据的分析能力，使数据转换成洞察能力，由洞察产生行动，让数据跑路代替人跑路，消除了决策的时差；让数据作为准绳，减少了决策的误差。

（2）算法驱动。算法驱动决策是通过预测技术、深度学习、优化技术等算法设计，从感知、洞察、评估、响应到反馈迭代算法。可以在货物分配、人力调度、资源优化、精确营销、智慧物流、收益管理、派送调度、风险控制等多种场景下实现自主化智能决策或辅助化人工决策。

（3）敏捷实时。在智能决策场景中，数字化系统需要支持组织做出实时的敏捷决策，甚至要求高并发的决策。例如互联网行业要求给用户的推荐结果必须在毫秒内提供。

2. 决策智能化的路径

（1）打造"组织大脑"。组织可以通过业务系统上云，整合数据中台、组织中台和财务中台的数据，打造"组织大脑"。"组织大脑"能够打通组织内外部的数据，消除信息的误导，实现数据的互联互通。

（2）模型训练。"组织大脑"通过对大数据的训练和学习，基于复杂算法的预测、推荐等分析结果，直接做出决策和采取相应的行动。"组织大脑"是能学习的决策机器，不仅可以实现自主决策，还可以通过学习的闭环，不断优化与改进决策的效率及效果，形成良性的学习反馈闭环，最终帮助组织实现智能决策。

（3）赋能场景。组织将"组织大脑"运用于各个行业中，通过"行业+AI"的形式，推动数字化场景日益丰富。

四、数字化转型的评价

组织在进行数字化转型的过程中，需要对自身的数字化发展进行评价，并与外界的行业标准相比较，了解自身处于什么样的阶段，以便于进一步提升数字化的发展水平。

（一）能力成熟度模型

能力成熟度模型被广泛运用于软件企业能力的成熟度评价。其分为五个等级：初始级、已管理级、已定义级、已定量管理级、优化级。这套模型同样也适用于数字化能力评估。

衡量组织数字化的评价模型，分为：1—初始级、2—已管理级、3—已定义级、4—已定量管理级、5—优化级，共五个等级，分别代表了组织数字化能力缺失、尝试探索、浅层应用、深层掌握和成熟体系。

组织数字化转型的综合评价模型，横向考虑了组织战略、组织体系、业务体系、技术体系等方面的能力，纵向考虑了基础设施云化、触点数字化、组织与业务数字化、运营数字化、决策智能化各个阶段的能力，可以帮助组织快速了解自身的数字化能力，对照行业标准梳理自身的能力，明确数字化转型的方向与重点。

（二）评价体系

（1）初始级：能力缺失，完全不具备或缺失大部分数字化组织需要的核心能力。

（2）已管理级：尝试探索，积极寻找数字化转型的路径，但努力是孤立随机和一次性的。

（3）已定义级：浅层应用，在某个业务或组织管理的领域进行数字化场景的浅层应用。

（4）已定量管理级：深度掌握、熟练掌握数字化技术驱动业务的创新、协同和组织管理转型量化的方法。

（5）优化级：成熟体系，将数字化的技术与业务、组织、生态融合，从而驱动商业模式的迭代与创新、组织管理变革的升级。

第二节　数字化技术升级的策略

一、操作系统的发展

操作系统提供业务运行底层计算的能力，从 20 世纪 80 年代至今可以分为 4 个发展阶段，见表 3-1。从本地化的台式计算机到如今基于云端服务的移动化应用，未来还有机会出现深度服务业务和组织数字化运行的人机交互，将会进一步驱动业务和组织数字化发展。

表 3–1　　操作系统的 4 个发展阶段

时代	1.0 时代	2.0 时代	3.0 时代	4.0 时代
技术	命令行主机操作系统	视窗化服务器操作系统	移动互联网操作系统	数字化操作系统
阶段	1980—1990 年	1990—2010 年	2010—2020 年	2020 年至今
内容	磁盘管理	文件管理	应用管理	云、网、端融合内容管理
部署	本地	本地	网络	云
应用	PC DOS[①]应用	PC 桌面应用	移动 App 应用	智能应用

当前的操作系统已经发展到 4.0 时代，数字化操作系统的架构为"多端、应用、中台、云"。其中"多端"是支持多样化设备，"应用"为用户提供组织和业务能力的软件应用服务，"中台"是融合了端、数据、业务等能力的中枢，"云"是所有计算与应用的基础支撑。

二、云原生的发展

1. 云原生的定义

云原生是一个组合词，"云"表示应用程序运行于分布式云环境中，"原生"表示应用程序在设计之初就充分考虑到了云平台的弹性和分布式特性，就是为云设计的。由此可见，云原生并不是简单地使用云平台运行现有的应用程序，它是一种能充分利用云计算优势对应用程序进行设计、实现、部署、交付和操作的应用架构方法。

云原生技术一直在不断地变化和发展，关于云原生的定义也在不断地迭代，不同的组织对云原生也有自己的理解和定义。

云原生技术有利于各组织在公有云、私有云和混合云等新型动态环境中构建和运行可弹性扩展的应用。云原生的代表技术包括容器、服务网格、微服务、不可变基础

---

① PC DOS，个人计算机磁盘操作系统。

设施和声明式应用程序编程接口。这些技术能够构建容错性好、易于管理和便于观察的松耦合系统。结合可靠的自动化手段,云原生技术使工程师能够轻松地对系统做出频繁和可预测的重大变更。

2. 云原生的架构特征

云原生应用架构具备以下几个主要特征:①面向微服务架构;②自服务敏捷架构;③基于 API 的协作;④具有抗脆弱性。

3. 云原生的运用

云原生带来的"技术即服务"广泛运用于软件开发生产线、数据治理生产线、AI 开发生产线、数字内容生产线这四大生产线,帮助企业构建新生产模式,激发新生产力。

云原生之路有几条主线。第一个阶段是应用架构的互联网化,规模化构建互联网分布式应用架构,打造微服务、消息、分布式数据库等核心中间件。第二个阶段是基础设施云化。探索落地容器技术,加速应用迁云,最大化利用云的弹性,通过离线、在线混合部署,优化计算成本,最终核心系统全面上云。

通过数据湖等技术,以及集成、数据开发、数据治理管理等工具,帮助企业将手工的工作变成自动化的工作,构建数据治理新模式。通过人工智能开发生产线,帮助企业将人工智能的全流程操作更简单、更自动化、门槛更低,让人工智能真正进入千行百业,进入每一个组织和场景。

云原生的不断发展,催生了很多功能强大的组件。可以说云原生的发展使开发变得自由许多。但是自由度的增加,带来的是通用组件开发难度的升高,在设计通用组件的时候,相比于考虑修改原有代码,不如把相应的适配工作独立出来做成适配组件来增加其复用性。

三、低代码的发展

随着社会数字化进程的加速,组织内与日俱增的应用开发需求与有限的技术服务供给形成的供需矛盾日益显著,业界亟须更低门槛、更高效率的开发方法和工具,由此低代码技术便应运而生。

低代码开发可以在不需要编程的情况下快速构建应用,这将减少开发人员工作时间并加快应用开发速度，将会给 IT 行业带来变革。在未来的 2~5 年，低代码平台在中国将逐步成为主流。预计到 2024 年，绝大多数的"技术产品和服务"都可以由非技术专业人士构建，低代码应用程序开发将占应用程序开发的 65% 以上。

从全球角度来看，企业都在积极拥抱低代码平台。报告显示，全球有 77% 的受访企业已经开始使用低代码开发平台。新冠肺炎疫情的暴发，促使企业积极探索数字化转型。企业逐渐意识到，他们曾经习以为常的软件开发模式已经无法满足数字化场景应用日益增长的需求。因此，积极拥抱低代码开发技术成为共识。我国市场中大部分受访者表示，企业对于开发人员的需求已经达到了白热化的程度。另外，受访企业也纷纷表示会依靠非技术人员来缓解 IT 部门的压力。

（一）低代码开发平台的概念

低代码开发平台是指围绕企业数据和业务管理需求，通过可视化方式设计表单结构、用户交互形式、设置访问权限和定义工作流程，无须专业开发人员就可以完成应用程序开发工作的平台。

1. 低代码开发平台的功能

（1）可视化建模工具。低代码平台由内置组件提供支持，这些组件能够以任何人都能理解的格式呈现任何信息。与基于代码的开发相比，这些可视化建模工具和方法不仅在为任何人提供开发能力方面发挥着至关重要的作用，而且在加快创建软件应用程序的过程方面也十分重要。

（2）开箱即用。所有领先的低代码平台都配备了开箱即用功能，而无须从头开始构建应用程序核心模块。这些平台已经有一系列应用程序开发所需的模块，从数据管理到面向客户的应用程序所需的销售流程管理和服务管理。

（3）拖放界面。低代码平台的另一个突出特点是其拖放功能，它是简化开发过程的核心要素之一。这些界面允许拖放应用程序的不同组件，而不必自己构建所有组件。拖放功能的好处不仅被业余开发人员利用，而且对专业开发人员同样有用。

（4）可重用性。低代码开发平台的开箱即用特性还带来了可重用性元素，其允许针对不同应用程序重复使用预配置的模块、组件和功能。例如，预先配置的模块包括某些核心功能，这些功能对于多种应用是通用的，那么这些功能就可以简单地在适用的地方使用，从而使应用程序的开发过程更快。可重用性是这种开发方法的核心原则之一。

（5）安全性。如果没有足够的安全功能，那么无论用户友好性或功能性如何，低代码工具都不能被视为软件开发的充分解决方案。拥有足够的安全协议可确保使用低代码平台构建的应用程序始终安全并受到保护。同时，安全功能对于整个平台的安全来说也至关重要。

（6）跨平台可访问性。一个强大的低代码平台还配备了多设备兼容性，支持在运行主要操作系统之一的任何设备上使用低代码开发平台的能力。同时，它有助于构建跨一系列核心平台和设备兼容的应用程序。

（7）可扩展性。可扩展性也是低代码系统不可协商的特性之一。此功能确保使用低代码方法构建的应用程序可以轻松适应不断增长或不断变化的业务需求。

（8）报告和监控。低代码平台的报告和监控功能可以帮助监控应用程序的流程和工作流，进而跟踪其每一步的有效性。这对于评估应用程序性能和分析至关重要。

（9）生命周期管理。低代码工具中应用程序的有效生命周期管理简化了开发过程的不同阶段，从测试到调试和部署。此功能允许用户访问与应用程序及其开发过程有关的所有信息，并在必要时恢复到旧版本以实现更好的功能和生命周期管理。

2. 低代码开发平台的特征

（1）场景化。针对越来越多以及更加细化的企业管理场景，低代码应用平台为通用场景提供了丰富的解决方案。如在新冠肺炎疫情防控期间，员工的每日健康打卡是一个高频的需求，通过表单收集是可以完成员工的填写时间、填写情况等的记录和收集，如此便可以快速地完成员工的健康管理，帮助企业更好地管理本组织的疫情防控。

常见的通用场景有行政管理、疫情防控、文化娱乐、人力资源管理助手、财税管家、营销管理、项目管理、高效生产、供应链、家校教务、行业方案等。

（2）模板化。越来越多的场景可以被标准化，这是很多低代码平台的发展趋势：不断降低对代码甚至对组件的能力要求，直至可以实现完全一键启用，如图3-1所示。

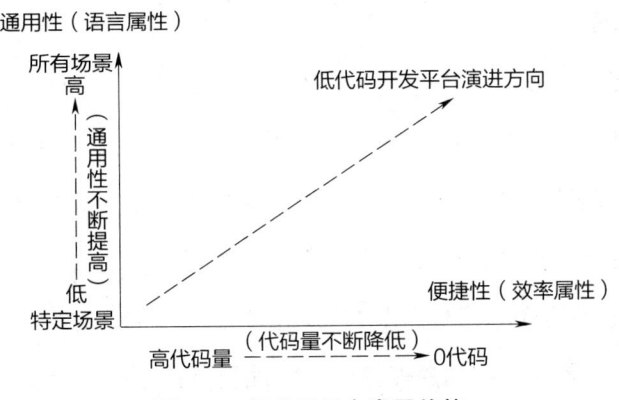

图 3-1 低代码平台发展趋势

（二）传统开发与低代码开发模式对比

与传统代码不同的是，低代码开发平台提供的是更高效、更易用的可视化开发方式。大多数情况下，低代码开发者并不需要使用传统的手写代码方式进行编程，而是可以通过图形化拖拽、参数配置等更高效的方式完成开发工作。

1. 传统开发的问题

传统开发的流程，从业务需求到开发测试，到最终上线，一般需要8个步骤：需求提报——需求变更——系统开发——功能测试——联调测试——需求方确认——停机部署——生产验证。全流程的开发周期时间长，技术门槛高。但对于大型企业或者极其专业、复杂的业务场景，传统开发仍旧是必需的方式。

2. 低代码开发的优势

（1）能够实现业务应用的快速交付。不仅像传统开发平台一样"能"开发应用，低代码开发平台的重点是开发应用更"快"。可视化的页面、标准化的组件等大幅度减少开发周期。更重要的是，这个"快"的程度是颠覆性的。根据专业公司调研，大部分公司反馈低代码平台帮助他们把开发效率提升了5~10倍，而且随着低代码技术、产品和行业的不断成熟，这个提升倍数还能继续上涨。

（2）能够降低业务应用的开发成本。一方面，低代码开发在软件全生命周期流程上的投入都要更低、代码编写更少、环境设置和部署成本也更简单；另一方面，低代码开发还显著降低了开发人员的使用门槛，非专业开发者经过简单的IT基础培训就能快速上岗，既能充分调动和利用企业现有的各方面人力资源，也能大幅降低对昂贵专业开发者资源的依赖。

（3）能够协同需求方。传统开发模式下，业务、产品、设计、开发、测试与运维人员各司其职，且各有一套领域内的工具和语言，让跨职能的需求沟通变得困难而低效。低代码开发降低应用开发门槛，让人人都能成为开发者，包括完全不懂代码的业务分析师、用户运营，甚至是产品经理，需求方和研发人员在同一个平台上用同一套"语言"沟通。普遍的协同方式是需求方通过低代码拖拉拽方式构建初步的应用程序模型，试跑优化后再与研发协同做深度开发，实现敏捷开发。

（4）能够更稳定。代码开发平台使用自动的方式生成（编译成）可执行代码，代码的整体质量优于业界平均水平。由于采用组件形式以及面向对象的开发方式，使得代码的结构化程度更高，通常来说更容易维护，传统开发与低代码开发模式对比如图 3-2 所示。

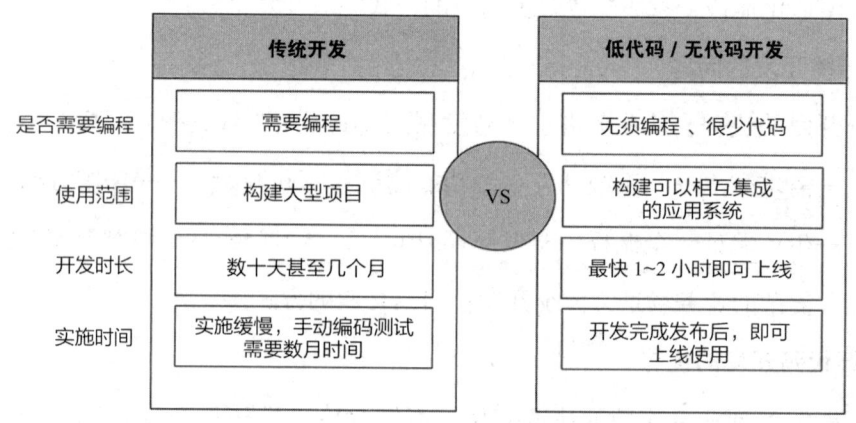

图 3-2　传统开发与低代码开发模式对比

（三）低代码应用的页面类型

一个应用由若干具有功能属性的页面组成，页面有表单类、流程类、数据类、自定义页面类等类型，数据和操作结果在工作表之间交互关联，最终实现该应用的业务需求。下面介绍几种页面的功能和设计方法。

1. 表单页面

表单页面是一种面向用户可以直接填写数据的页面类型，也是一个应用中对用户侧使用的常规页面，表单页面不具有审批、审核等流程功能，主要实现数据协作，如收集、存储、管理、设置权限、导出、删除等。

常用场景有调查统计、在线报名、销售上报、会议预约、采购入库、订单录入、扫码签到等。

表单页面一般包含表单设计、页面设计、数据管理。

2. 流程页面

流程页面是在表单页面的基础上增加了流程和审批能力的页面类型。流程页面按照预先设置好的路线进行流转，实现多人有顺序、有规则地完成数据的录入；可以理解为，一张表单需要由多个人分步骤共同来完成，例如请假、报销、派单等场景。

流程页面一般包含表单设计、流程设计、页面设计、数据管理。其中的表单设计与表单类页面的操作方法一致，流程设计的方法与审批流的逻辑类似，但低代码的流程页面拥有更强大、更丰富的流程配置规则，扩展性能也会更佳。

默认的流程由发起—审批人—执行人—抄送人—结束这几个节点组成，这与真实的流程审批逻辑一致，在每个节点可以配置丰富的规则。

3. 报表页面

数据报表页面是以数据汇总展示、分析为主要功能的页面类型，它可以由已提交的表单页面直接生成，也可以由本地文件上传数据直接生成，或由第三方系统数据导入生成。

数据报表的页面数据均来源于这个应用内其他表单、流程等页面的字段，而在这里完成数据的分析、可视化呈现。可以通过明细表、数据透视表等查看表单/流程表单数据的明细和汇总；通过柱形、折线、图形等对数据进行处理，显示数据的发展趋势、分类对比等结果；通过饼图体现数据中每个部分的比例。

4. 数据大屏页面

数据大屏页面也被称为数据仓、仪表盘页面，主要是以图表的方式呈现各类关键数据、指标，数据来源于该应用内其他页面，如表单页面、流程页面、报表页面，通过一定的取数规则，按数据展现格自动呈现。这是一种多维度、图像化、实时的展示方式，可以提升数据的表现力，便于数据被观测、支持、决策。

数据大屏页面可以让更多的人看到数据可视化的魅力，可以让非专业的工程师通过图形化的界面轻松搭建专业水准的可视化应用。各类可视化的数据大屏操作更加简

便，可以满足常见的会议展览、业务监控、风险预警、地理信息分析等多种业务的展示需求。

页面的设置在画布编辑器完成。通过画布可以实现页面的布局与配色，各图表的大小位置排布，以及应用的可视化预览。

5. 自定义页面

自定义页面可以通过低代码搭建展现出常见的任何类型页面，借助数据源或更丰富的组件实现应用门户、复杂业务场景页，比如带有布局的首页、提示成功页、图文页面、外部链接网页等。

四、业务管理平台

（一）业务管理平台的定义

业务管理平台可以帮助组织实现业务板块之间的协同和连接，持续提升业务的创新。业务管理平台是由业务与技术融合而成，蕴含业务创新的思想体系，通过"业务创新＋中台方法＋技术赋能"的组合实现。

（二）业务管理平台解决的问题

1. 业务系统复杂、重复建设

组织内部多个业务系统重复建设，缺乏对核心业务的流程梳理、固化与沉淀，不能互联互通，业务系统到期后只能推倒重建。

2. 业务系统不确定性

业务系统不适应市场的快速变化，难以实现扁平管理、全渠道运营和会员营销等业务创新。

3. 业务系统没有实现全过程数字化

组织信息化程度低，存在大量的人工统计情况，核心业务没有实现数字化。

4. 业务系统不适应用户的发展

业务数字化程度低，用户量变化大，现有的业务系统不足以支撑用户量的变化。

（三）业务管理平台对组织的价值

业务管理平台将组织的核心能力凝聚到一起，对组织人员提升、业务创新、用户体验、商业智能和营销变现起到了重要的作用。业务管理平台能够打通各个业务系统，提升组织的业务创新和协同能力。

1. 沉淀业务能力

让组织沉淀用户、商品、营销、支付等核心的业务能力，形成业务的凝聚力。

2. 赋能业务创新

"小前台，大中台"的模式可以支撑前台业务的快速创新，把一个"点"的创新想法快速复制到"线""面""体"的创新上，缩短创新的周期，降低试错的成本。

3. 提升人员能力

共享业务的能力沉淀到中台，能强化 IT 和业务人员的全局意识和业务能力，培养既懂技术也懂业务的骨干人才。

4. 提升用户体验

业务管理平台驱动业务全渠道、全链路协作，提升用户体验。

5. 促进精准营销

通过业务管理平台完善用户行为数据，为新业务导入新用户，提升精准营销的能力和新业务的变现能力。

6. 实现商业智能

业务管理平台打破烟囱式的数据孤岛，有效实现核心业务数据的实时在线，通过数据业务化和业务数据化的闭环实现了商业智能。

（四）业务管理平台适用的范围

对处在不同发展阶段的组织来讲，业务管理平台模式有着不同的应用价值。对于创业组织而言，业务管理平台可以通过精准营销、用户洞察等手段加速组织的商业化验证。对于发展中的组织，业务管理平台可以驱动业务创新，提供增量的服务，从而扩大组织的规模。对于大型组织，业务管理平台可以在各个要素运营上实现智能决策，从而提升组织的产业生态驱动力。

（五）建设业务管理平台的步骤

1. 精心策划

组织内达成共识，需要一把手牵头，技术和业务等部门共同推进；制定业务管理平台的整体战略，按照计划分步实施；实施中找到切入点，解决具体的问题。

2. 最佳实践

通过对现有业务系统和业务现状的分析与调研，明确业务管理平台的目标和范围，开展业务管理平台的建设方法论证，选择验证过的实施技术团队。建设业务管理平台的目标是解决复杂的业务协作和连接，整合业务能力，化繁为简。通过对业务的理解，组织需要将诸多业务系统归纳为核心的业务能力；推进业务的协同，将业务全面数据化，提升业务的协同效率；通过核心业务能力的共享，支撑当前业务团队快速构建场景的落地。组织建设业务管理平台需要按照业务需求进行调研与评审、业务架构的设计与评审、开发规范的设计、全链路的压力测试、持续地治理和演进。

3. 试点推广

开展业务管理平台建设试点，树立标杆，积累经验；从创新业务不断尝试，或改造现有的业务系统，确保试点成功；在试点成功的前提下，进一步推广到整个组织。

4. 融合迭代

总结出符合组织自身发展的方法和理念，不断优化组织架构和业务模式，提升业务效率，全面迭代组织核心业务能力。

五、数据管理平台

（一）数据管理平台的概念

数据管理平台是从业务的视角出发对组织数据资产建立运营平台，促进数据流动，提升数据资产的价值，促进组织和业务的发展。数据管理平台建立在组织的数据仓库、数据湖等技术的基础上，不仅能提升数据管理、存储和控制的效率，还能从业务视角出发，建立组织全生命周期数据资产运营平台，即数据挖掘、治理和应用的运营平台。

（二）数据管理平台解决的问题

1. 数据孤岛

不同的部门、不同应用的数据独立存储、维护，造成了物理的互相孤立。

2. 数据标准不统一

烟囱式的业务系统对部分业务的支撑，导致同一对象的属性编码不一致、同名数据有不同口径等问题。

3. 数据质量差

重复建设导致多个系统共存，数据质量与系统开发脱节，业务和应用的变更不能及时反馈到数据上，数据的时效性和准确度低。

4. 数据分析自相矛盾

不同的业务部门对数据的分析经常会得出不同甚至完全相反的结论。例如某企业在每年 7 月都会召开"双十一"的启动会，制定"双十一"活动的目标、策略和实施方案。该企业的人员对"双十一"期间主打的产品选择高端瓷瓶还是低端玻璃瓶进行了激烈的讨论，双方各执一词。财务主管通过数据分析得出上半年主推低端产品导致毛利大跌的结论，因此建议下半年主推高端的瓷瓶产品。但电商平台通过前一年的数据分析和竞品分析得出本企业高端产品竞争力不强的结论，推断下半年选择主推高端产品很难完成指定的销售目标。这就是数据分析自相矛盾的现象，导致数据不能为组织创造价值。

5. 成本高

独立的应用系统容易造成组织重复建设，导致开发成本高，大量无用的计算和数据存储的浪费。

6. 数据安全问题

组织的员工无意识或恶意地获取数据机密、病毒的入侵、系统漏洞和访问弱口令等可能导致数据安全的问题，严重危害组织的安全。

（三）数据管理平台对组织的价值

数据管理平台是一座灯塔，照亮了组织的运营过程，让生产、研发、营销、渠道、仓储、物理等企业运营的每一个环节均透明可视。

1. 精确运营与智能决策

数据管理平台可以完成组织内外部的数据统一管理，使组织内外部对业务经营有全局的认知；可以帮助业务部门实现精准的服务与运营，提升生产效率、运营效率、营销效率；能够提供实时的数据展现，支持组织作出智能决策。

2. 降低组织的经营成本

数据管理平台可以为组织降低运营的成本，同时在数据存储、计算和分析等方面，数据管理平台可为组织节省大量的成本。

3. 促进业务的创新

数据管理平台可以从数据中发现价值，赋能业务；可以通过数据识别新业务模式，实现业务数据化，为业务创造价值。

4. 推动组织的升级

数据管理平台可以通过数据流带动组织业务通、人才通、文化通，可以有效指导组织的管理与经营。

（四）数据管理平台的适用范围

通过数据管理，组织可以量化用户和业务的行为，沉淀数据并通过数据分析用户的需求，实现业务模式的创新。因此，数据管理平台不仅适用于大中小组织，也适用于金融、旅游、地产、电信、零售、互联网等各个行业。

（五）建设数据管理平台的步骤

建设数据管理平台，就是要建立数据全生命周期的数据采集、数据清洗、数据分析、数据应用与数据治理服务的支撑能力。

（1）梳理组织的流程和资产。做好数据资产梳理，对数据资产进行分类，并对数据进行目录管理；对全生命周期进行梳理，从数据处理、采集、分析和应用流程中，形成数据生态闭环。

（2）引入数据管理平台。通过数据管理平台的引入实现数据管理自动化，提供数据运营的能力，可以实现数据资产化。

（3）打通数据流。通过数据管理平台连接智能终端数据、组织协同数据和关键业务数据，实现数据萃取和汇聚，加速数据的共享和流动，打通企业各个业务环节的闭环。

（4）推动数据的智能应用。用"报表＋指标＋可视化"实现对数据的应用，把数据化服务嵌入业务流程中，赋能员工与组织，实现业务的创新和增长，使数据资产发挥价值。

（5）加强数据治理。组织可通过数据管理平台加强组织数据战略的规划、数据架构、数据质量、数据标准、数据安全审计等数据治理的工作。

六、组织管理平台

（一）组织管理平台的意义

数字化转型是组织"一把手"的工程，是组织形态、战略、机制、人事、文化的全面变革。组织管理平台是数字化组织的线上引擎，是实现业务、组织和生态协同的数字化平台。

（二）组织管理平台解决的问题

1. 组织协同弱

组织内外部协同机制无法快速应对变化的市场需求，缺少移动化和数字化工具，信息共享程度低，协同效率低。

2. 知识传承难

组织内外部缺少知识沉淀的工具和方法，缺乏知识的共享和互动。

3. 行为洞察弱

组织缺乏对团队和员工的全面洞察，员工被动应对绩效考核结果，缺乏预警机制。

4. 应用开发门槛高

组织依靠技术供应商的技术和开发人员，应用开发时间长，性价比低。

5. 需求响应不及时

由于业务快速发展，随之而来的是流程的变化，因此业务部门的数字化需求往往得不到及时响应。

（三）组织管理平台对组织的意义

组织管理平台是组织管理一体化的入口，能够实现业务、组织、能力、产业链的协同，通过应用开发平台支撑组织应用的自定制。

1. 统一入口

组织管理平台是组织数字化、业务数字化、应用开发平台的统一入口，可以实现统一身份、统一沟通、统一登录、统一应用开发等。

2. 组织协同

组织管理平台可以实现组织协同，建立组织架构"一张网"，建立组织人员统一的通讯录，可以快速找人、高效协作，让组织内部及时沟通、公开透明，让组织的经营数据安全、快速地触达全员，且留存信息。

3. 业务协同

组织管理平台可以通过单点登录、系统集成与应用开发一起实现业务数字化。

4. 能力协同

组织管理平台可以通过赋能个体和团队，构建组织新机制，让员工和团队全面感知与响应外部需求，实现全链条的数字化。

5. 产业协同

组织管理平台可以连接上下游合作伙伴，提升合作伙伴的协作效率，推动实现业务数字化，提高生产效率。

6. 应用自定制

应用开发平台可以让组织内成员自主"开发"业务应用，按需开发业务应用系统。应用开发平台型产品一般可为中小企业提供行业解决方案，也可以为行业大客户提供个性化定制服务，更灵活、更广泛、更普惠。

（四）组织管理平台的适用范围

对处于不同发展阶段的组织而言，组织管理平台有着不同层级的应用价值。对于中小组织，组织管理平台可以提升组织的协同能力。对于大组织，组织管理平台可以协同各个要素，实现资源配置，从而实现组织数据化运营。

（五）建设组织管理平台的步骤

建设组织管理平台，对组织数字化转型具有重要的意义。组织管理平台是一个统一的平台，它可以将员工、生态伙伴等连接到一起，将管理系统、业务系统集成到一起，打通业务、数据、财务等。组织数字化要营造组织变革文化，围绕组织的战略，按照组织数字化的步骤逐步推进。

（1）营造组织变革文化。建设组织管理平台需要推动组织变革，构建与组织相适应的灵活、开放、扁平的数字化管理体系。组织需要具备变革、协同、开放的意识。

推动组织管理平台的建设，离不开组织价值观、文化、激励体系和管理模式的综合保障。组织管理者要主动尝试对原有组织的架构进行调整，对人员进行重新的定位。

（2）建设协同办公平台实现组织数字化。组织要依次推进行为活动数字化、组织要素在线化、数据应用场景化、业财一体化和组织决策智能化。根据全组织的行为数据进行动态的排兵布阵，将平台能力延伸到财务、业务的整合分析，构建"组织大脑"支持组织的智能决策，创新组织的场景应用。

（3）通过应用开发平台实现业务数字化和应用的创新。组织可以利用应用开发平台实现新的应用开发，通过低代码开发应用，业务人员可以上手搭建业务系统，利用连接器集成现有的平台业务，将研发、产品、品牌、供应、营销等全链路的核心系统和业务系统进行整合打通。

（4）推进产业和生态协同的数字化。推动组织互相关联，为中大型组织提供强大的组织架构的能力，实现跨组织消息、通讯录和应用的互通互联，帮助上下级组织无缝沟通、协作；建设合作的空间，为上下游的合作伙伴提供实时可信的沟通协作平台，帮助上下游伙伴提高工作效率；建设组织外部的服务窗口，实现组织以用户为中心的一站式沟通、管理平台，帮助组织连接内外，打通组织的业务流和信息流。

通过这些步骤，组织可以打造服务于组织和业务的组织管理平台，形成数字化组织的能力中枢。组织还能提供业务协同、产业链协同、用户协同等，支撑组织全面实现全链路业务创新。

七、财务管理平台

（一）财务管理平台的定义

财务管理平台是业财一体的融合，在获得业务交易数据的基础上对财务工作中通用、共性的服务进行抽象，形成的财务自动化的处理平台。

（二）财务管理平台解决的问题

（1）财务系统和业务系统分离，造成数据分离，使财务系统不能适应业务的快速发展。

（2）财务部门偏重基础操作的工作，未能发挥管理会计、经营决策、价值分析等

现代财务的职能。

（3）业财两张皮导致业绩预测不准，无法找到真实的原因。财务部门对公司信息掌握不全，难以反馈经营状况，进行合理风险管控。

（4）财务战略投资的效果无法衡量。

（三）财务管理平台对组织的价值

财务管理平台的本质是在财务共享能力上增加一层数字化能力，实现从财务到业财一体的转型。

一方面，财务管理平台可以释放财务数据的价值，通过组织内部外部的数据采集、处理与挖掘，借助大数据、人工智能等技术的应用，帮助组织对业务进行预测和分析，利用财务数据可进行预测、管理和创新。

另一方面，财务管理平台可以赋能业务转型。业务的需求越来越个性化，客观上要求组织的业务与财务都要可调整、可伸缩。财务管理平台将财务的管理人员从复杂的财务工作中解放出来，聚焦于组织分析中，加强对组织决策的支撑作用，财务管理人员从职能部门转为组织管理的参谋。

（四）建设财务管理平台的步骤

建设财务管理平台，组织需要提升业财一体化的数据分析和融合应用的能力，实现组织与业务数字化实时连接，支撑预算管理、关键指标等财务相关领域的战略指标。

（1）制定业财一体的数据化标准。组织要结合数据对财务相关的业务进行分类，制定统一的数据标准。组织要围绕固定资产、会计科目、财务客户、供应商、利润中心、成本中心、统计指标等，形成新的业财一体的主数据。

（2）打通数据。基于统一数据标准，要实现不同应用之间财务与业务数据的互通。

（3）加强财务管理平台能力的建设，全力推进业财一体化。打通财务系统和业务系统，加强总账管理、应收应付、费用控制、资金管理、投融资管理、财税联动、供应商管理、制度管理、报表管理、全面预算管理等财务关键能力的建设，使财务赋能业务。

（4）实现智能业务财务一体化。基于财务和业务一体化，在战略层面，组织推进数据驱动的关键绩效考核和全面预算管理，开展数据的自动化预算滚动、预算编制、预算平衡等，并对预算进行自动考核，实现智能的决策；在财务管理平台共享能力层面，组织可以通过业务财务一体化自动实现总账、应收、应付等财务流程，并通过机器人流程自动化等技术实现财务流程制度等流程优化；在风险管控层面，组织可以统一员工的报销标准、借款额度、出差补助等指标，结合报销流程的自动化，对费用进行管控；在财税管理方面，组织可以通过机器人流程自动化、光学字符识别等自动化技术进行开票管理、税务申报、发票查验等一系列自动化操作，提升发票自动化的能力；在业务的执行层面，组织可以通过自然语言理解与机器人流程自动化等技术进行数据报表统计、数据分析，实现智能的风险管控。组织通过财务和业务一体化，可实现对组织的各个业务进行数据分析，例如销售分析、财务分析、生产分析、供应链分析等；可自动生成合并现金流量表、利润表、资产负债表、资产变动表、利润分配变动表等，各种报表可实现实时的分析、预警、监控智能财务管理的各个环节。

第三节 数字化业务升级的策略

一、数字化品牌管理

品牌是用户与产品之间的桥梁，用户通过品牌能对产品产生更多的信任和了解。品牌是组织的重要商誉资产，品牌的建设、运营和推广是组织发展到一定阶段的必由之路。

过去，品牌的定位工作仅能基于经验和直觉，具有一定的片面性和局限性。市场传播的过程很大程度上依赖渠道传播和媒体传播，通过铺天盖地的广告覆盖无差别地投放。这种方式没有对用户做针对性、高效地触达连接，也很难获得及时的用户反馈信息。

在数字化时代，品牌定位和传播的方式借助新技术有了更多可能。品牌定位可以依据用户画像的大数据，市场传播可以借助渠道数据做精准投放，用户行为数据和意见也可以通过各类平台反馈，提升了品牌管理的精准度，品牌传播可以精准地触达消费者，市场营销行为可以根据数据效果动态调整。现在，还有自媒体、社群等私域流量池，让品牌的反馈周期从原来以年为单位逐步优化到以月为单位。

数字化品牌管理的主要工作是构建品牌管理的技术平台，提升品牌管理的效率，包括数字化的市场调研、品牌传播和品牌运营。

（一）市场调研

市场调研是品牌精准定位的必需步骤，通过市场调研判断市场规模和人群画像。很多互联网的工具和技术都可以协助调研工作。比如，借助电商平台的商家数据分析平台，公开的搜索指数、搜索关键词、排行榜、各类商业报告等。不同的行业、不同的商品都需要依据市场发展的节奏，来判断是否还有机会切入，防止出现盲目投入产能、同质化严重的不利竞争局面。

例如，企业可以在电商平台通过搜索商品关键词，筛选价格区间，看销量排序，进一步了解同类型产品的品牌竞争情况，可以梳理1~3个主要对标品牌，再结合该品牌多平台的搜索结果判断其渠道选择、流量投放等商业逻辑。在细分领域，如果第一名和第二名的销售数量已经远超市场投放能带来的销量，则说明已经很难切入该领域。

（二）品牌传播

品牌传播的通行模式是无差别地传递品牌理念，甚至在用户未有需求发生之前。在没有精准数据的支持下，这种情况并不少见，这也导致对于企业经营管理而言，品牌传播的费用是极其高额的一笔成本，企业要面临巨大的投资产出风险。

数字化的品牌传播不需要向大众进行传播，可以向精准目标人群输出内容。这些数据有的来自在线化的渠道平台形成的用户标签，有的则是通过客户的行为数据抽象出的数据模型。以某骨传导耳机品牌为例，在品牌推广的初期锁定马拉松运动员这个特殊人群，他们对于长跑时听音乐有刚性需求，但又需要听到外部环境音，另外，长跑时耳朵出汗导致佩戴入耳的耳机不方便，因此这个群体的需求与骨传导耳机完全适配。于是企业在品牌传播时定向推广马拉松话题的社交平台、马拉松运动产品的搜索人群。这些精准的品牌传播让品牌以最低的成本完成了首批口碑用户的积累，并迅速发酵，扩展到了运动人群。

（三）品牌运营

数字化的品牌需要"流量"，流量像水一样存在于不同的渠道，渠道的流量会被分流，渠道流量也会减少。市场中每次出现一个新的渠道，就有机会随之产生一个新的品牌。可以这么理解，新流量培育新品牌。

1. 全触点品牌运营

用户与品牌的全触点可以依据"认知—兴趣—购买—忠诚"这个链路进行线上和线下多维度设计布点，用户在这个链路转化中遵循一定的漏斗原理，每次的转化效率就是关键的运营指标，比如线下的覆盖率—进店率—成交率—入会率，以及线上的竞得率—点击率—转化率—复购率。品牌商可以在每次活动方案中对比观察这些数据变化，不断修正动作，甚至判断该渠道、该方案是否适合。

（1）认知。认知是消费者被动地与品牌进行接触，包括曝光点击、非精准搜索点击等。如果超过一定时间该用户未产生进一步的行为，则判定为流失。

（2）兴趣。兴趣是指用户主动与品牌发生接触，包括成为粉丝、会员，产生互动，发生有倾向性地收藏和搜索。

（3）购买。购买人群一般是指品牌商品的购买者，需要设计各种各样的权益方案和营销方案，促使更多的购买者重复购买、交叉购买，把购买人群转化为忠诚人群。

（4）忠诚。忠诚人群一般是指在一年内，有积极正向的评论，或者购买次数超过2次的用户。忠诚人群是品牌核心的资产，决定着品牌销售的基本面。

在单位时间内，认知、兴趣、购买和忠诚人群的数量是品牌影响力的表现，而对应的一层层的转化率就是运营能力的体现。

2. 私域流量与公域流量

在渠道上获得的公开流量需要付出额外的获客成本，例如直播活动、促销活动、广告投放等，付出这些成本如果仅是一次性转化，则会造成大量的浪费，毕竟不是所有人都会立刻做出购买决策,这对于处在认知和兴趣阶段的客户来说是白白浪费了机会。如果能把这些用户转入私域流量池,就可以不断地二次触达,培养用户进入下一成长阶段。这种转化过程可以成为一个良性的循环。要使有意愿的用户通过加入粉丝群—参与后续互动—产生购买—成为忠诚会员这一系列动作,让私域流量池成为业绩产出的重要方式,反过来再扩大公域流量的投入,圈选更多意愿用户进入私域,最终获得不断增长的高质量用户群。

很多企业组织有专门的粉丝运营团队,巩固与确立客户关系,在这个过程中引入数字化的工具可以提升管理效率和提高运营的精准度。

二、数字化研发管理

产品研发有实物产品、软件产品、服务性产品研发等类别,这是一个组织最核心的工作。新品永远是竞争的焦点,也是销售增长的火车头,每个品牌都在竞争压力下不断推出新品满足客户日益增长的需求。

产品研发高度依赖研发人员的经验,如果他们获取的用户信息不够多不够准确,就会导致产品功能无法满足用户需求,从而影响产品的最终销量。但是再优秀的研发人员也有可能未与客户需求同步。

在数字化时代,用户与企业组织可以更紧密地连接,通过用户沟通、调研、行为数据分析,洞察消费者的需求。例如,通过对销售数据的分析,防晒霜品牌发现用户搜索的关键词出现"显白"的诉求,产品研发团队迅速研发出一款具有日常美白防晒综合功效的产品,一经推出就备受办公室白领的追捧。用户的精准数据可以作为产品研发的决策依据,产研团队也不必完全依赖市场、销售部门等传递的零散信息,而是可以更准确、更全面地找到消费者的需求信息。

数字化的产品研发管理,主要包括新品调研、新品市场测试、新品生命周期管理等。有企业数据表明,相比于传统的研发方式,引入数字化的工具和方法,可以将研发周期从18个月压缩至6个月。

(一)新品调研

新品研发意味着创新,创新的过程常常"九败一胜",任何一个环节的疏忽都可能导致最终产品研发失败，或者达不到市场预期。数字化的新品研发过程，可以借助一系列的算法，挖掘可能存在的新品机会。例如某鞋类国潮品牌，商品管理核心是"准"和"快"。"准"就是准确地把握消费者的需求，以此作为新品研发的依据；"快"就是建立商品流动的快速反馈机制，从而形成从产品研发、生产制造到供应链到终端门店和销售结果的完整链路联动。

所有的新品在大规模流行之前都会经历一个口碑酝酿期，然后随着一个"破圈"的事件被大众快速了解，而在这个过程中，这些关键词的搜索指数会经历一个明显的"爬坡期"，开始频繁出现在热搜排行榜里，商品研发人员会定期检测行业热词，对研发方向做出针对性调整。

（二）新品市场测试

新品市场测试的类目繁多，诸如外观、定价、体验、包装和功能等。这些产品需求经历研发和生产的若干个阶段之后，终于从一个概念变成了具体的产品，产品需要在市场中真实的用户群体里做测试，从而获得更准确的数据。例如，功能是否吸引人，哪个功能排在第一主推概念，哪个颜色更好等。甚至还有用户会被邀请成为首批的体验官，与研发部门联合研发共创。

因此，去哪里寻找和锁定这些真正代表目标客户群体的用户呢？如果用常规的报名海选方式，时间周期长且用户分类不精准，甚至无法排除一些干扰性的因素。选马不如赛马，通过运营手段启动新品的营销数据、转化数据、评价和舆情，以最快速的数据反馈链路，可以更加直观地看到产品研发的成功率。

（三）新品生命周期管理

在新品全生命周期管理中，数据扮演着重要角色。企业可以用数据发现商品的开发方向，用数据测试确定开发的细节，用数据计算柔性化小批量生产，用专属渠道获取尝鲜客群，然后提炼出人群画像的标签，做精准的流量投放，再根据商品的数据增长曲线、新品评分等数据确定新品是否有成为畅销款的机会。在这个过程中，企业可以筛选优秀的商品通过人群扩容技术实现全网的目标客群的精准触达，线上线下的精准铺货。现在，线上线下的数据融合推广策略已经逐步成型，这种方式可以尽可能地减少全链路管理成本。

在这个产品生命周期管理过程,包含需求、概念、初稿、样稿、生产、销售、服务、反馈更新等环节。这个过程周期长、数据多,传统的文件和文档管理方式往往很难快速回溯。数据化的管理方式可以避免繁多的文档和数据,通过统一的项目管理机制,让过程数据可以被沉淀,随时可追溯。

三、数字化生产制造

我国是全球首屈一指的制造大国,当下,我国制造业面临众多的挑战:人工成本上涨、产品质量有待提升、生产效率低下、环保要求等。

(1)生产环节低效。产品生产以多品种、小批量为主,订单排单操作混乱,生产计划常常被打乱需要人工跟进;产品品类众多、原材料管理混乱,查找的及时性和准确性不足。生产数据的采集难度大,各环节的管理者无法实时掌握生产动态,排产容易失误,生产不透明。

(2)管理方式粗放。工厂工人的考勤和排班复杂,生产绩效统计要消耗大量的时间,统计效率低且容易出错,月底工资核算矛盾多,报表制作难度大。

(3)信息数据流转慢。制造环节靠纸质单据传递生产进度,单据反复流转,可能出现丢单、漏单的情况。

(4)供需匹配不足。生产过程无法精准计算最终的出库时间和数量,存在产能不准、产品积压或者订单不足的情况。

制造业的生产链包含众多环节,如设备管理、原材料计划、生产现场管理、企业资源计划等,这些环节往往需要大规模生产才能发挥最高的生产效率。而在数字化社会,用户的个性化需求往往需要小批量订单、柔性生产线,如何协调各个生产环节是一个复杂的问题,背后其实是整个流程的重构、分工协作机制的重构。

在数字化时代,通过数字化工具和方法可以在全生命周期实现制造过程的全链路状态感知、实时变更、自主反馈、自主执行,从"制造"到"智造"。我国将推进制造业向智能制造发展,制造业加快建设智能工厂、数字化车间和工业互联网平台,构建数据驱动的工业生产制造体系和服务体系,发展智能化生产、网络化协作、个性化定制、服务商延伸等新制造模式。

数字化生产管理的主要工作是构建全链路的生产管理流程，实现定制化、柔性生产。通过云、大数据、人工智能实现业务数字化和组织数字化，更有机会构建全产业的大规模互联互通。这种全产业的工业互联网平台，实现制造资源的广泛链接，打通产业链、价值链和数据链。同时，制造业企业通过管理平台将用户和产业链的上下游连接起来，在实现批量生产的同时，还能满足用户的个性化定制需求。

（一）定制化

一件手工定制的产品并不稀奇，但在今天，可以在确定的时间生成不同要求的产品，还能实现规模化发展，这是对传统大规模生产的一种颠覆，背后是数字化的技术和机制在发挥力量。

定制化意味着销售端收集到的需求数据被分解为关键流程参数，比如一件衣服的颜色、尺寸、款式和数量，这些数据传导到制造工厂的生产线上，按生产机制和生产参数被分解执行为生产动作。

定制化生产可以让客户在购买时有更多的主动性。需求创造更多的销量，客户也得到了更个性化的产品。

（二）柔性化

柔性化生产是可以通过生产环节的单元模块化、组件化、数字化，实施灵活的生产排产的方式，最终实现按需生产、按销生产。这种生产方式对于渠道商而言，可以减少起订的资金压力，也可以减少库存积压，实现小步快跑。当需要扩大产量时，生产环节也可以全量释放生产能力，满足多种市场需求。

四、数字化供应链管理

供应链包括供应商、制造商、仓储、配送、渠道等组建成一张物流网络，供应链的上下游协同是一个组织的重要能力。

在数字化时代，如何构建一个协同共生、高效便捷的智慧供应链体系是一项重大的挑战，各个环节的数字工具相互独立，不同组织很难跨组织沟通协作，这些都是制约供应链效率的问题和难点。数字化的供应链管理可以实现：①仓储布局，从单仓发全国变为全国多仓布局；②货物周转，从一次性一批次发货，到多级多次发货、补货；③仓货匹配，从仓货分离到仓店一体；④物流配送，从人工挑选，到机器人自动挑选、传送，送货也从离线状态到智能调度。

数字化的供应链管理，主要需要打通供应链各个环节，实现数据互联互通，高效完成定时、定量的配送，动态预测分析库存，指导上下游的产能关系，全链路反馈数据进度。

数字化管理还需要建立面向组织内外成员的统一系统入口界面，供应链管理组织侧的最大挑战来自不同企业、不同岗位的人员，他们需要在异地高效地开展协作。

（一）渠道管理

渠道是产品的"最后一公里"，每个行业的渠道都有不同的特性。在商品流通的过程中，各个渠道的销售模式也有所不同，这要求企业既能不断优化渠道效率，又能协调渠道间的冲突。

用数字化的人群匹配技术，可以对各个渠道的人群画像进行分析，再与品牌目标人群画像进行匹配，从而选出最佳的品牌流通路径。同时，渠道本身在数字化的过程中，实现了多渠道在线化管理。如果这些渠道数据能够互联互通，就可以实现全渠道的优化管理，线上线下分渠道共享库存数据，订货行为在线完成，渠道销量和效率就可以实时评估，商品流和资金流可以实时调整，甚至重构资金流政策。

事实上，在渠道拓展上，一些分散且离线的小微渠道需要大量的人力和物力耕耘才能产生成果。比如快消品，通常需要若干级分销商才能覆盖全国各地的上万个街边门店。这对于很多品牌而言是无力承担自建分销渠道的费用成本的，利润率也无法支撑多级分销，销售被禁锢在局部地区，无法开拓更大的市场局面。

数字化的渠道管理有机会改变这种局面。

1. 渠道选择

每个渠道都有各自明确的人群定位，并建设有各自的消费者数据体系。品牌在选择渠道的时候，应根据品牌定位和渠道人群画像来进行选择，并配置符合渠道需求的商品，这样才可以更精准地强化渠道建设，快速铺开市场。

常见的线上渠道有大型电商平台，专营网站，社群分销平台，内容电商渠道。

线下的常见渠道有大型零售客户渠道，专营渠道，百货商场，深度分散渠道。

不同渠道的进入时间成本和资金成本不同，新品牌的最佳策略是先做线上渠道再做线下渠道，先做细分渠道的核心消费者触达，再做线下大渠道的大众市场，也就是先做数字化程度高的渠道，有了数据沉淀后再做数字化程度低的渠道。

2. 全渠道融合

渠道需要平衡，这是一项重要的排序问题，传统品牌的80%甚至100%的渠道都是依靠代理商和经销商来分销的，这些渠道需要中间利润环节。而在电商平台上，品牌直接面对消费者，虽然电商平台也需要大量投入，但这些被计入了品牌自己的费用成本。现在渠道的复杂度高，很多经销商的分销价格都有微妙的平衡关系，如果不能正确地处理这些渠道关系，新开渠道却丢掉了原本的优质渠道，则会得不偿失。

渠道管理对应的就是产品管理，通行的做法是线上渠道和线下渠道分别有专供款式，线上渠道价格敏感需要极致的价格作为第一要素，而线下渠道注重利润和体验，优先以产品品质触感为第一要素。线上线下同价的产品也需要做好分销管理，从而实现线上线下的融合。

相比之下，汽车和家居行业的决策周期长、单价高，需要现场体验和服务，这些特性决定其可以充分实行线上引流、线下成交的模式。例如，全屋定制的品牌在自媒体平台上发布内容"种草"，然后通过厂家直播、设计师直播引流进行服务预约，让客户在线上平台支付定金，按照地理位置定位技术，分配给附近的经销商和服务商，安排就近上门测量和服务，最终通过内部业务管理系统核销。整个流程中，消费者首先在线上支付定金，而后在门店的管理系统里核销绑定后支付尾款。整个链条环环相扣，线上引流成本低，覆盖面广，线下服务体验强，能促进最终成交转化。

快消品的决策链短，利润低，线上线下的关系需要再重新梳理。针对这些产品单价低的特性，可以在物流环节将社区小门店设置为前仓，采取线上引流成交就近发货的方式，否则从品牌总仓发货，周期长且运输成本高昂，无法支持散客小额度的订单。

特别是冰激凌、生鲜产品，运输成本占利润的40%。这种线上线下的组合模式，既让顾客能够在1~2个小时获得产品，又能扩大线下渠道的销量。

因此，线上线下融合，需要依托于互联的渠道管理系统，才能平衡和分配利润，让渠道间实现真正意义的协同协作，为客户提供更优质的服务。

3. 渠道管理

渠道管理是一件精细的工作，不仅需要制定复杂的管理分配机制，依托管理平台的精密流程设计，而且需要联动各类渠道后台的财务系统、会员系统、考核系统和管理系统。过去，这些系统互相不通，即便想要做线上线下融合，面对细琐海量的订单数据，也根本无法实现手工拆分账目。多渠道管理，一是要解决跨组织的系统互联互通问题，二是跨组织的人员流程交互问题。只有高度社会化的管理平台，才能让来自不同行业、不同企业的人员在熟悉的界面操作和协作。

（二）仓储管理

仓储管理是为了充分利用仓储资源而进行的计划、组织、监控和协调的过程。仓储管理员要面对数以千计的物料、上百家供应商及需要精确管理的仓库，管理不善会导致库存数据不准确、库存积压、呆滞废料和收发货混乱等问题。仓储管理与供应链的其他环节脱节会导致库存数据滞后、备货不合理、分仓不合理等现象发生，从而导致成本损耗。

数字化的仓储管理可以整合线上线下的供应链体系，将产品、货架、出入库等数据共享，厂家、仓库、门店三者一体化管理，可以实现就近发货，提高产品的周转率和物流效率。

仓储配送是仓储管理的重要环节，也需要多群体协同，工作涉及预约配送、订单生成、订单调控和仓库内发货等步骤。预约配送是为了减缓供应链压力，在时间上错峰安排不同的订单需求；订单生成是为了缓解仓库压力，有序地形成订单；仓内操作则是通过智能立体仓、智能机器人、智能分拣设备等仓储设备，减少人工操作，降低差错率。例如，某家电企业的仓储工作包含排产、仓储和配送等18个节点，以人工的方式按流程执行完毕一遍需要33个小时。采用数字化的仓储管理后，整个流程压缩为6个节点，只需要1个小时，效率得到了很大的提升。

（三）物流管理

物流管理是对人、车和货的全过程计划、执行、监控和调度的管理，具体包括物流计划、车辆管理、货物调配、物流调度等环节。物流管理面临的挑战是如何在满足运输要求的前提下，对人、车、货最大化地匹配。在运配资源的统筹管理中，可以评估不同运配方式的成本，完善物流运配计划。例如，在不影响单车运能和时间的前提下，寻求如何对订单最大限度地拼单策略。在出库的环节，需要按照规模化运输的策略，通过对一级、二级分拨和集货来执行干线运输方案。在物流运输的过程，组织要设法规避送货司机和配送员的送货慢、送货线路选择绕路、拥堵、配送员的行为不规范、处理货物不合规等问题，解决运输过程中的效率低、车辆调度难、客户体验差的问题。

数字化的物流管理可以把物流运输相关的工作在线化、联网化，结合各种物联网设备形成物流智能感知的能力。众多物流配送节点的数据汇集上云，再通过数据算法，规划最优的配送路线，动态显示配送时间，提高配送效率。

在线化的组织沟通方式，还能让配送员、司机、仓管员实时沟通，确保过程中的信息能被及时地传递，保障配送工作顺利进行。

例如，某家企业与第三方物流公司合作，搭建了一个共享的组织架构，在这个协作空间里，司机、经销商和库管都有权限看到订单管理的应用，通过这些应用里的工单数据了解物流情况。过去经常出现，经销商不知道司机行驶到哪里，不知道客户是否收到了货，收货的门店也不知道货物具体什么时间到，要安排多少仓库位置，司机也常常不清楚具体的上下货地点等情况。现在大家在一个系统内通过工单协作，遇到堵车、疑问，可以及时在工单对应的临时沟通群里用电话、视频、图片等方式沟通信息，实现了全面协同，高效完成任务。

五、数字化营销管理

随着用户数据的不断沉淀、标签化，数字化触点在不断扩大其范围，营销行为和传播路径也看得更清楚。

（一）线上营销

1. 精准人群

商业中最重要的一件事就是消费者洞察，找到愿意购买自己产品的顾客。具备消费者洞察之后，商家就可以通过广告投放精准触达。现在很多线上营销的工具平台都实现了标签化管理，商家可以通过各类组合标签来识别出自己的目标客户。

2. 人群扩容

通过组合标签，商家可以完成精准人群的圈选，但筛选条件越多，能触达的人群就会越少，如果只有几万人，那么投放广告的意义就不大了。所以数字化营销需要的核心能力是扩容。扩容可以通过轻微下调匹配精度，迅速放大人群倍数。

3. 效果评估

营销活动全面数字化后，就可以实现数据化的效果评估，比如明星价值、渠道价值、促销价值和会员价值等。

（二）线下营销

1. 互动方式升级

过去，零售门店的客户与商家是没有互动的，客户选购产品和结账大多通过导购提供服务。智能化的货架通过触控、展示、扫描可以实现交互式的体验，让商家建立与客户互动和交流的近距离通道。而零售商也可以借助这些智能化的硬件设备，让客户自行了解产品，减少对客户的打扰而提高服务满意度。

2. 支付方式升级

客户通过扫码、扫脸进行支付也是一种服务提升，整个过程甚至都是自助完成而没有服务人员的参与，十分便捷。支付过程也是线下订单与客户数据做关联的过程，无形之中整合了过去录入会员卡和扫码买单的几步动作。

3. 创新方式升级

很多消费场所开始注重体验空间的打造，让消费者不只是在其中购买商品，更是享受一种服务，这些服务都可以通过线上查询和预约，让消费者没有后顾之忧。

六、数字化客户服务

客户是企业的收入来源,维护好客户关系是企业生存发展的基础。

(一)客户服务

为了做好客户服务,提升客户服务体验,实现客户服务价值的最大化,企业需要能与消费者更实时的沟通,比消费者更了解他们自己;要能洞察消费者需求,提升服务效率并提升每一次的服务价值;要能解决全链路的消费者问题,让消费者对品牌全流程的服务都留下深刻印象。

数字化的客户服务体验包括用户倾听、体验洞察、会员管理和客户关怀。客户服务过程涉及多个部门的联动,这对于整个组织的内部协作是一种挑战。因此,提升客户服务体验,是对整个组织的内部响应效率的检核。

1. 用户倾听

不管是客户的售前产品咨询,还是售后的存留、转化,都需要有人提供服务,这种服务的工作量和工作细致程度需要数字化的方式来提供支持保障。例如,客户在线咨询不知道买什么,或者不想花费时间看图片了解性能规格等信息,希望客服能收到自己的信息后主动推荐合适的产品;也有的客户咨询关于买赠促销政策,希望能给出优惠促销方案的介绍;还有的客户是因为产品的颜色或型号没货,希望能获得明确的解决方案。这些服务的类目涉及产品知识、营销政策、库存信息等,对于服务人员的能力与素质要求很高,而让每一位服务人员都熟悉透彻地掌握所有信息并不容易,所以智能导购等功能可以帮助客户和服务人员解决这些大量的查询比对工作,甚至可以主动推荐给客户解决方案。

2. 体验洞察

在线下服务的场合,服务人员可以通过客户的问题、停留时间和走动路线得出经验判断,在线上同样也有客户的浏览信息、加购信息等让服务人员可以进一步为客户提供解决方案。例如"拍下未付款"这个场景是距离最终成交最近的一个步骤,如何提升和改进这个环节的成交效率至关重要。数据洞察等功能可以推测出客户未付款的原因,比如价格原因、优惠原因等,这些数据洞察的结果可以直接提高付款数量,提高销售业绩。

3. 会员管理

会员管理有三个关键指标，也是会员运营管理的有效成功要素，一是初始流量，流量越大，会员的基数就越大；二是会员生命周期，生命周期越长，会员发挥的价值和作用越大；三是流失率，每个节点的流失率越低，留下来的客户数量就越多，黏性也越高。

会员管理和服务是在海量数据中找到关键异常的数据指标，提前介入不同的服务，引发激活、唤醒、召回、增购等客户行为动作。

4. 客户关怀

客户关怀需要温度，面对成千上万的客户如何用最少的人力提供更精准的服务关怀，这也需要引入相关的智能机器人。机器人可以按照提前预设的服务动作，实现欢迎、提醒、关联推荐、挽留等动作，把服务的每一个细节做到顾客的心坎里。而这背后的知识库和数据库也是服务沉淀和服务智慧的体现。

（二）客户管理

在传统客户管理工作中，组织会不断要求销售人员收集客户信息，并通过反复的电话、短信与顾客联系，反复触达，客户被无序打扰甚至最后选择终止服务。而且这些信息一般集中在头部销售的个人手中，销售离职时客户信息也同样被带走，会给组织带来很大的损失。

数字化的客户管理是指采用客户管理工具建立组织与客户之间的联系，是可以实现营销、销售、服务的过程信息和结果数据沉淀的工作方式。在品牌每一次的营销推广之后，留下的登记客户信息被收集到系统中，每一次的销售拜访的目的和结果过程留痕，客户的购买喜好、服务需求也能被充分记录。这些信息被统一在一起，更便于为客户提供差异化的服务体验。

数字化的客户管理系统需要与线上线下的会员渠道打通和共享，客户无论选择哪种渠道方式都能被识别到，并将销售佣金分配给对应的渠道和人员。

思考题

1. 根据外部环境和自身的能力，简述组织如何制定数字化转型的战略。

2. 组织进行数字化转型启动包括几个步骤？

3. 数字化组织的建设路径可以简单归纳为"五步走"，分别是什么？

4. 触点全面数字化是实现组织竞争力的保障，其路径是什么？

5. 组织与业务数字化的重点是实现组织的管理数字化、流程数字化和业务数字化，实现的核心步骤是什么？

6. 相对传统开发，低代码开发的优势是什么？

第四章
数据管理

2020年3月30日,《中共中央 国务院关于构建更加完善的要素市场化配置体制机制的意见》(以下称《意见》)正式发布。《意见》指出了土地、劳动力、资本、技术、数据五个要素领域改革的方向,明确了完善要素市场化配置的具体措施。数据作为一种新型生产要素,成为《意见》中备受关注的内容。

社会各界都已充分意识到了数据资产的重要性。但什么是数据,如何沉淀数据,如何有效管理和挖掘数据,如何正确应用数据,这是数字时代的新知。本章简要介绍了数据管理的大致轮廓,帮助读者形成对数据管理的整体认知。

第一节 认识数据管理

一、数据管理综述

企业和组织每天的运行过程中会产生和沉淀各种各样的数据，但在实践层面上，高质量的信息需要这些数据是可用的、相关的、完整的、准确的、一致的、及时的、实用的、有意义的和能被理解的，这就需要数据管理。

数据管理是规划、控制和提供数据及信息资产的一组业务职能，包括开发、执行和监督有关数据的计划、政策、方案、项目、流程、方法和程序，从而控制、保护、交付和提高数据和信息资产的价值。

每个企业和组织都需要有效地管理其日益重要的数据和信息资源，数据管理成为一项职能，数据管理工作可以有效地管理和控制数据资产。具体来说，数据管理包含了十项具体的活动。

（一）数据治理

数据治理是数据资产管理中一项极具权威性和控制性的活动（规划、监督和强制执行），数据治理是对数据管理的顶层设计与控制。

（二）数据架构管理

数据架构管理是指定义企业和组织的数据需求，并设计蓝图以便满足这一需求，该职能包括在所有组织架构环境中，设计和维护组织数据架构，同时也开发数据架构与应用系统之间的解决方案、数据架构与实施项目之间的关联方案。

(三)数据开发

数据开发是指为实现组织对数据的使用需求,通过分析、设计、实施、部署及维护数据解决方案,使平台内的数据资源价值最大化。数据解决方案中的组件包括数据库和信息产品,如屏幕展示和报表,以及数据访问接口等。

(四)数据操作管理

数据操作管理是对于结构化的数据资产在整个数据生命周期(数据的产生、获取、存档和清除)进行规划、控制与支持。

(五)数据安全管理

数据安全管理是指规划、开发和执行安全政策与措施,提供适当的身份以确认、授权、访问与审计,确保保密性和适当的访问权限等。

(六)数据质量管理

数据质量管理是指运用质量管理的技术来衡量、访问、提高和确保使用数据进行适当性的规划、实施和控制活动。

(七)参考数据和主数据管理

参考数据和主数据管理是指对参考数据和主数据进行持续性的开发和维护,保持数据在不同应用中的一致性。

(八)数据仓库和商务智能管理

数据仓库和商务智能管理是指规划、实施和控制数据仓库的建设过程,建立数据采、建、管、用的系统化流程,并通过商业智能分析,为知识工作者们在报告、查询和分析过程中提供数据和技术支持。

(九)文档和内容管理

文档和内容管理是指规划、实施和控制在电子文件和物理记录中发现的数据存储、保护和访问问题。

(十)元数据管理

元数据管理是指为获得高质量的、整合的元数据而进行的规划、实施和控制活动。

总体来说,虽然并不是每一个组织都必须执行这十项职能,但组织的数据管理基本在上述十个职能范围内展开。

二、数据的概念

数据作为数据管理的对象，在数据管理职能的语境下有着丰富的含义。我们每天接触到的企业产品信息、人员信息、审批单信息，这些都是数据。在线化的数据以文本、数字、图形、图像、声音和视频等格式对数据进行表达，这些数据在平台上源源不断地被获取、存储和调用。

数据与信息和知识既有关联也有不同。

数据是一些原始的材料，数据经过处理和整合而产生信息，因此信息是处于一定的使用环境中带有上下文逻辑的数据组合而成的一组数据。再加上语义解释后形成"有价值的信息"。这里的上下文包括数据元素和相关术语的业务含义，数据表达的格式，数据所处的时间范围，数据与特定用法的相关性。

知识是人们的经验，知识是基于某一角度的信息整合形成的一种观点。这种观点是基于对模式的承认和解释。知识还可能包括假设和有关推理的力量。知识可以是显性的，也可以是隐性的。

数据是信息、知识、才智和行动的基础。人们对数据也就提出了一系列的要求：数据应是可用的、相关的、完整的、准确的、一致的、及时的、实用的、有意义的和能被理解的。数据管理最基础的目标，就是采取具体的、积极的措施使数据达到这一系列的标准，提高数据和信息的质量。

（一）主数据和主数据管理

在数据沉淀和建设过程中，不同部门、不同流程和系统会用到相同的信息，早期流程中创建的数据会被后续的流程引用或关联，但不同的职能会基于不同的目的来使用相同的数据。例如，销售、财务和制造部门都关心产品的销售数据，但每个部门会有不同的数据质量期望。为了满足各部门的使用，组织会建立各种应用、流程，每个应用或者流程以不同的格式存储相似但不完全一致的数据值，这种不一致对整体的数据质量有明显的负面影响。

为了应对这种"不一致"，就产生了主数据管理。主数据管理是一套定义和维护流程，涉及如何在整个组织内创建、整合、维护并使用主数据，这里就引申出了两个概念："参考数据"和"主数据"。

1. 参考数据

参考数据是用于对其他数据进行分类或目录整编的数据。业务规则通常规定参考数据值是几个允许值之一，允许值的数据集是一个域值，例如订单状态，只能是新建、处理中、完结、取消等几个值。参考数据管理就是对定义的数据域值进行控制，包括对标准化术语、代码值和其他唯一标识符等每个取值的业务定义的控制，对数据域值列表内部和跨不同列表之间的业务关系的控制，以及对相关参考数据值的一致、共享使用进行控制，以进行数据分类和目录整编。

2. 主数据

主数据是关于业务实体的数据。与参考数据不同，主数据取值通常不受限于预先定义的域值，一般业务规则只是预先规定了主数据格式、允许的取值范围。主数据是关于关键业务实体最权威、最准确的数据，可用于建立交易数据的关联环境，因此被认为是"黄金"数据。主数据管理就是指对主数据值进行控制，以实现跨系统的一致、共享使用主数据，以对核心业务实体的真实情况做出最准确、及时的控制。主数据管理需要对每个产品、地点、人员或组织进行识别，并开发一个关于其事实的"黄金"记录。

例如，一笔销售交易可以识别出该活动相关的客户、员工、销售的产品，以及其他参考数据，如交易状态、会计科目等，还可以衍生出产品类型、销售季度等其他参考数据。

3. 主数据管理

在组织内部，主数据管理面对的挑战有两个：一是如何从潜在的、有冲突的数据中确定最准确的"黄金"数据；二是如何使用"黄金"数据代替其他不准确的数据。主数据管理系统致力于确定"黄金"数据并按需提供使用，而作为主数据管理系统的设计和维护者，数据开发人员日常会处理这样一些问题。

（1）理解参考数据和主数据的整合需求。

（2）识别参考数据和主数据的来源和贡献者。

（3）定义和维护数据整合架构。

（4）实施参考数据和主数据解决方案。

（5）定义和维护数据匹配规则。

（6）建立"黄金记录"。

（7）定义和维护数据层次及关联关系。

（8）计划和实施新数据源的整合。

（9）复制和分发参考数据和主数据。

（10）管理参考数据和主数据的变更。

数据开发人员需要使用数据整合工具、数据清洗工具、操作型数据库（ODS）或者专门的主数据管理工具来实施主数据管理。主数据管理有三个重点领域。

一是识别数据源内及跨数据源的重复记录来建立和维护主数据的全局唯一标识ID，以及相互之间的交叉引用关系，使信息整合成为可能。

二是跨数据源整合，这些整合的记录提供一个跨系统的信息合并视图，并能寻找定位姓名和地址的不一致。

三是通过直接读取或复制数据，使OLTP（联机事务处理过程）和DW（数据仓库）/BI（商业智能）数据库能够跨应用系统访问主数据。

（二）元数据

元数据是关于数据的数据，数据反映了真实世界的交易、事件、对象和关系，而元数据则反映了数据的交易、事件、对象和关系等。可以将元数据比作图书馆中的目录卡片，通过目录卡片可以查询图书馆保存了哪些书、在图书馆的什么位置，读者可以根据主题领域、作者书名来查询书籍，此外，目录卡片还说明了每一本书的作者、主题标签、出版日期和修订历史。如果没有目录卡片，在图书馆中查找书籍将像大海捞针一样困难，并耗费大量时间。

元数据就是一个受控的数据环境下的目录卡，它描述了数据（如数据库、数据元素、数据模型）、概念（如业务流程、应用系统、软件代码、技术架构）以及它们之间的联系。总体上，元数据可以分为四类：业务元数据、技术和操作元数据、流程元数据、管理制度元数据。

1. 业务元数据

业务元数据描述的是数据的业务含义、业务规则等，如业务定义、业务术语解释、业务指标名称、计算口径、衍生指标等。数据叠加业务元数据的信息后，人们对数据含义能够产生一致的认知。

2. 技术和操作元数据

技术元数据为开发人员和技术用户提供了系统信息，包括物理数据库表名、字段名、字段属性、其他数据库对象的属性和数据存储特性。数据库管理员需要了解用户的访问模式、访问频率及报表查询的执行时间，通常数据库管理软件都有相应的技术元数据。操作元数据是IT运维需要的信息，是系统日常运行产生的操作数据，常见的操作元数据有数据所有者、使用者；数据的访问方式、访问时间、访问限制；数据访问权限、组和角色；数据处理作业的结果、系统执行日志；数据备份、归档人、归档时间等。

3. 流程元数据

流程元数据定义和描述系统的其他元素，如流程、业务规则、程序、任务、工具等特性的数据，常见的有部门、组、角色、职责，以及流程名称、文档等。

4. 管理制度元数据

管理制度元数据是关于数据管理职责、监管制度流程和责任分配的数据。数据管理专员建立数据共享方式，并对其进行监控，确保数据和元数据在组织范围内是正确的并且高质量的。例如业务目标和数据增删改查的规则，数据主题域和共享规则等。

元数据有很多来源，一个组织内部的任何可命名的事物都是一个元数据的来源，组织所用的各种系统，也都有自己的元数据存储库。为了应对元数据的管理，目前市场上有各种类似连接器的桥接应用，负责把不同系统的数据存储库进行连接，实现存储数据库的元数据复制，同时也可方便查询管理。

三、数据管理团队

数据管理团队是开发团队的重要成员之一，实际上企业和组织中的很多部门和个人都会参与数据管理的工作。数据管理团队一般有以下职能和活动，见表4–1。

表 4-1　　　　　　　　　　　数据团队的职能描述

数据管理角色类型	职能描述
数据治理架构师	负责组织数据架构、数据仓库、数据整合流程的整体架构设计，同时负责数据治理、数据管理制度活动的协调，监管数据管理项目，监督数据管理专业人员
数据技术架构师	负责数据体系架构的总体设计，对数据技术的选型、数据架构的建设和数据项目的落地负责
数据开发人员	数据开发是指分析、设计、实施、部署及维护数据解决方案，以使组织的数据资源价值最大化；数据开发人员一般负责数据的清洗、开发、整合和系统维护工作，涉及数据仓库、数据模型、元数据、数据库等相关工作，输出物是各类数据表、数据指标等
数据产品开发	负责数据产品、系统的设计、协调和集成开发，为组织提供各种数据产品、系统的维护
数据分析师	数据分析师一般会直接面向业务部门和管理层，提供数据智能分析、问题探查并输出分析报告、提供业务建议等
数据安全专员	数据安全专员是数据管理活动的监管角色，负责制定流程、规范，监督数据管理活动的开展
业务专家	业务部门一方面是数据管理的需求方，另一方面是数据供给方，业务团队在与数据团队沟通时，需要准确提供以下内容：所提供的业务数据的定义和规格；业务需求的背景、目标、策略等背景信息

在日常的业务沟通过程中，业务团队一般与数据分析师，或者叫作商业智能分析师沟通较多，共同来探讨业务状态、分析业务问题、寻求业务建议等，实际上组织的数据管理是一个完整的体系，以保障组织数据资产的沉淀、维护和价值挖掘。

第二节　建立数据资产

一、常见的数据问题

（一）数据不规范

数据不规范主要有以下三种情况。

（1）格式不统一。比如同样是地区名称，有的地方记录为"北京"，有的地方记录为"北京市"；日期也容易出现格式不统一的情况，日期有"2022/01/20""2022-01-20""2022年1月20日"等多种格式。

（2）量纲不统一。比如订单金额的量纲，有的地方以"元"为单位，有的地方则以"分"为单位。

（3）编码不统一。比如仓库中的产品编码，同一产品在不同系统中，有的以数字进行编码，有的则以字母进行编码。

（二）数据不一致

数据不一致主要是指相同业务的数据在不同业务系统、不同采集来源中存储，但由于更新路径等问题造成数据不同的情况。比如采购部门和财务部门都会收集供应商的信息，包括银行、账号、税务、工商等信息，当这些信息发生变更时，采购部门进行了数据更新，但财务部门没有及时更新，就会造成数据不一致的问题。

（三）数据不完整

数据不完整主要是数据收集过程中造成的内容丢失问题。比如对会员信息的收集，由于未设置地域的强控制条件，因此对于没有填写该信息的用户，出现了该项数据的缺失问题。

（四）无效数据

无效数据是指在数据中出现了与实际业务毫无关系的数据，或者非正常业务过程产生的数据。比如电商交易中的刷单数据，或者问卷收集过程中产生的无效问卷数据。

二、数据探查与诊断

数据探查与诊断能帮助分析数据的质量，制定数据分析和挖掘的方向与思路。在做数据探查时要完成以下清单自测。

（1）判断数据是否完整？是否有空白或空值？

（2）判断数据是否唯一？有多少个不同的值？数据是否重复？

（3）判断数据是否存在异常格式？数据格式的分布是什么？这些是期望的格式吗？

（4）判断数据存在哪些值范围，它们是预期值吗？给定数据的最大值、最小值和平均值是多少？这些是期望的范围吗？

（5）针对数据情况，后续应该做怎样的处理，才能让它们发挥最大的价值？

数据探查一般有以下 3 种方法，列分析、跨列分析、跨表级别的分析。常见的数据开发工具一般具有探查概览、探查详情、数据筛选、数据刷新、数据图表和多级下钻等功能。

三、数据开发

（一）数据仓库开发

通常情况下，原始数据可能来源于不同的业务系统，这些数据规模大且质量相对较差。将原始数据经过清洗、转换和合并变成在后续分析、挖掘中可用的数据，这个过程称为数据仓库开发（ETL）。从数据产出的实时性来划分，其又可以分为离线计算和实时计算。

1. 离线计算

离线计算适用于对数据产出实时性要求不高，或计算量大，需夜间运算，以及统计周期为一个完整的自然日的情况。如经营日报需要统计前一天0~24时各业务线的经营数据，因此可以在夜间算力不紧张的时段通过离线任务的形成完成。

数据量较小的情况下，一些常见的关系型数据库提供了结构化查询语言（SQL）开发和定时调度的能力，可以满足离线计算需求。

数据量较大的情况下，业界多采用分布式大数据引擎，或是大规模并行计算数据库（MPP）来进行离线任务的开发计算。

离线任务多且有复杂的相互依赖关系的情况下，会采用调度引擎来保障任务的正常运行。

2. 实时计算

实时计算适用于对数据产出实时性要求高（如实时订单数、销售额等）、统计周期是一个时间较短的统计窗口（如1秒、5分钟、10分钟、1个小时等）的情况。其在任何时刻都有可能运行，因此需要实时保障计算资源。

（二）数据准备

ETL是数据应用最前置的条件，但在使用数据前仍需要对数据作细微的调整，这个过程称之为数据准备。相比ETL需要经过数据工程师的开发、调试和上线，数据准备是一个更灵活、面向非技术人员的过程。

在数据准备阶段常见的操作如下。

（1）维度和度量的设置和调整。

（2）设置聚合的方式，如求和、计数、去重计数、平均值、标准差等。

（3）多表之间的关联，如预算和报销在不同的两张表中，需要按部门关联起来才能做预算和实际花销的比对。

（4）数据过滤，过滤掉一些不参与统计分析的数据。

（5）维度分组，多种维度的合并，如按30~40岁、40~50岁、50~60岁这几个区间来统计在职员工数。

（三）商业智能（BI）报表开发

BI报表是工作中常见的一种数据分析模式，一般是由BI工程师进行开发，也有可能是由一线的业务人员进行自助开发分析。好的BI报表开发需要具备一些统计学的知识，选择合理的图表把数据的价值表达出来。常用的图表有以下分类。

（1）比较。基于时间的比较，如折线图、雷达图、进度条等；基于分类的比较，如条形图、分类柱形图、排行榜等。

（2）联系。如散点图和气泡图等。

（3）构成。如饼图、环形图、瀑布图、堆积百分比柱形图等。

（4）分布。如直方图、正态分布图和曲面图等。

（四）数据挖掘

使用数据挖掘提取隐藏的数据价值已经有很多成熟的行业案例。从开发的角度，业界常用的数据挖掘编程语言有 Python、Spark MLlib 等，常见的低代码数据挖掘工具如机器学习平台 PAII。

四、数据开发分层和数据指标划分

（一）开发分层模式

数据开发可参考数据仓库的分层模式，一般分为贴源层、数据公共层、数据应用层。

1. 贴源层

贴源层又称为 ODS 层（operational data store，是用来存储多个数据源业务数据的系统），ODS 层存储的是业务系统产生的裸数据。其主要目的是用于历史数据的备份和存储，当业务系统发生数据丢失或数据库故障时，贴源层数据可以帮助业务系统进行数据恢复。一般来说，贴源层数据的存储时间较长，由于数据规模很大，因此多用一些高度压缩的存储格式来进行数据存储。

2. 数据公共层

数据公共层的数据来自贴源层的数据，因为贴源层的数据一般无法直接使用，经过清洗、转换和合并后形成轻度的汇总层，这就形成了数据公共层。数据公共层一般是整个数据资产的中坚力量，因此对于数据公共层的架构设计和管理是至关重要的。数据公共层的改动应经过架构评审才能操作，否则会直接影响整个数据资产的健康。

3. 数据应用层

数据应用层主要是面向具体的应用，数据被加工成具体的指标。大部分面向应用的数据开发或扩展都是在数据应用层进行的，因此应用层的数据丰富度会直接影响业务的可扩展性。

（二）指标划分

数据指标指的是根据业务需求已经加工好的统计数据，一般分为原子指标和衍生指标。应用层根据实际需求通过配置化的界面把原子指标加工成衍生指标。指标管理一般按业务或者主题划分，可以按子业务添加多级分类。一个指标可以归属到多个业务或主题。

五、数据技术发展趋势

企业和组织对数据资产的建设会伴随着数据技术的发展持续更迭，近些年来在应用侧形成一些新的趋势，具体来说，包括以下几点。

（一）实时性

数据能够实时收集、处理和共享。传统的数据架构是 Lambda 架构，即构建两套技术链路，业务分析主要是离线的，在离线任务中结合历史数据做批量的数据加工和处理，最终汇总成分析结果。实时链路一般只对一些流量数据，如实时访问人数、实时交易额等进行简单的统计。在新技术的发展下 Kappa 架构逐步替代 Lambda 架构，实现流批一体数据处理，既能处理实时的业务，也能处理历史数据的分析。

（二）嵌入式

数据嵌入每个决策场景、互动和流程。在很多传统组织中，数据应用的主要价值是汇报，因此主要形式是报表，业务系统和分析系统原本是割裂的两套系统，但在新的技术趋势中，数据应该嵌入业务流程，在每一个业务步骤通过实时反馈为业务员提供指导。

（三）即开即用

灵活的数据集成和存储，支持数据的即开即用。传统的数据仓库需要预先设计好数据模型和分层架构，不同业务系统的数据整合到数据仓库，按照数据模型进行层层流转。数据仓库的建设有利于数据的治理和高效管理，但带来的不便是无法实时应对日益剧增的分析场景需求。

近年来出现"湖仓一体"方案，被业内认为是新一代数据管理架构。"湖仓一体"

是一种新型的开放式架构,打通了数据仓库和数据湖,将数据仓库的高性能及管理能力与数据湖的灵活性融合了起来,底层支持多种数据类型并存,能实现数据间的相互共享,上层可以通过统一封装的接口进行访问,可同时支持实时查询和分析,为企业进行数据治理带来更多的便利性。

第三节　挖掘数据价值

一、数据化管理

数据化管理是指运用分析工具对客观、真实的数据进行科学分析,并将分析结果运用到生产、运营、销售各个环节中的一种管理方式。数据化管理可以为公司业绩目标、用人战略、战略方向等提供科学参考。数据化管理可分为四个由低到高的层次。

(一)业务指导管理

业务指导管理是通过数据收集、数据监控、数据追踪等手段透视业务,通过数据分析、数据挖掘等方式搭建业务管理模型来提升业务。业务指导管理的范畴包括销售、人力资源、生产、财务、客服等业务单元,主要管理模块有目标及预测管理、利润及费用管理等。

(二)运营分析管理

运营分析管理是对人、货、场、财的分析管理,包括绩效考核管理、库存分析管理、供应链分析管理、客流分析管理、资金分析管理、客户关系管理等。业务指导管理与运营分析管理的区别是前者侧重于追踪和监控，后者侧重于分析和管理。

（三）经营策略管理

经营策略管理指通过对各经营环节进行对应的数据分析来达到制定或修改策略的目的，数据化的策略管理是企业策略合理化的保证，包括消费者购买行为分析策略、会员顾客策略、商品定价策略、品牌定位策略、竞争对手策略、资源分配策略等。

（四）战略规划管理

战略规划管理是通过企业内部和外部数据分析，制定企业长远规划的过程。企业战略规划包括企业发展的战略方向、阶段、目标、重点、措施、结构等总体战略，企业竞争、科技、营销、生产、人才、质量、信息、价格、核心能力、投融资、文化等职能战略，这两者最后综合形成企业总体发展的战略方案。

二、数据分析

数据分析是挖掘数据价值的最核心步骤，也是将数据分析与业务指导相结合的关键步骤。一般来说，数据分析包含8个步骤。

（一）分析需求

分析需求包括收集需求、分析需求、明确需求三个部分，收集需求的方法主要有对象访谈、市场调查、专家走访等，推荐利用思维导图来整理收集的信息。

（二）收集数据

收集数据是根据使用者的需求，通过各种方法来获取相关数据的过程。数据收集途径包括公司数据库、公开出版物、市场调查、互联网、购买专业公司数据等。数据收集是数据分析的基础环节。

（三）整理数据

整理数据是对收集到的数据进行预处理，使之变成可供进一步分析的标准格式的过程。整理的数据包括非标准格式的数据、不符合业务逻辑的数据两大类。非标准格式数据包括文本格式的日期、文本格式的数字、字段中多余的空格符号、重复数据等。在零售行业中不符合业务逻辑的数据非常多，比如为了冲击销售额可能会有不真实的销售数据进入系统、虚假的会员购买记录、电子商务中的虚假点击等。

（四）分析数据

分析数据是指在业务逻辑的基础上，运用最简单有效的分析方法和最合理的分析工具对数据进行处理的过程。没有业务逻辑的数据分析是不会产生任何使用价值的。对分析人员来说，熟悉业务、有业务背景是非常重要的。分析方法简单有效就可以，实用为最高准则。对工具熟练掌握的深度决定了分析的高度。工具不在多而在精。当然片面强调对工具的掌握或对业务的理解度都是不对的，只有工具掌握和业务理解均衡发展才是最合理的。

（五）数据可视化

数据可视化是将分析结果用简单且视觉效果好的方式展示出来，一般运用文字、表格、图表和信息图等方式进行展示。现代社会已经进入一个速读时代，好的可视化图表大大节约了人们思考的时间。用简单的方式传递最准确的信息，这就是数据可视化的作用。

（六）分析模板开发

一部分标准化程度比较高的数据以及使用频率比较高的分析文件，可以开发成一种固定的模板格式，这样的好处是标准化、程序化，并且会大大节约时间。

（七）分析报告

分析报告是数据分析的交付物。分析报告必须有明确的论点，有严谨的论证过程和令人信服的论据。另外，报告一定要明确阅读对象，对象不同，关注点是不一样的。

（八）应用反馈

数据分析报告并不是数据化管理流程的终点，反而是数据化管理流程的另一个起点，数据化管理的目的是应用，没有应用的流程是不完整的。应用就是将数据分析过程中发现的问题、机会等分解到各业务单元，并通过数据监控、关键指标预警、对趋势进行合理判断等手段来指导各部门的业务提高。

三、数据协同

数据协同就是基于客观的数据事实在企业内部进行跨层级和跨部门的协同。通过圈批、评论和分享等方式对数据事实进行阐述、补充和反馈，借助消息、群等渠道触达数据涉及的相关方，然后通过待办、订阅等方式对执行效果进行跟踪，最终实现从"人找数据"到"数据找人"的高效协同。

（一）数据协同的管理价值

1. 实现数据普惠

传统的数据分析结果一般是以报表为呈现形式，多是面向高层汇报的，因此往往是单向的由下向上的汇总。在数据驱动的企业中人人都应该是数据分析师，数据的受众应该是多种角色的，不同岗位的从业者都是数据的受益者。数据的协同是多向的，有同层级、同部门间的协同，也有跨部门、跨层级的协同。

2. 实现"数据找人"

在业务数字化逐步完善的当今，企业的数据是非常多的，但把碎片化的数据整合起来才能发挥真正的数据价值。比如采购部门在评估未来三个月的库存储备时，除需了解当下的库存外，还需要掌握产品的市场情况、销售趋势以及物料的价格波动等。传统的方式是"人找数据"，但除了决策层有专门的分析师或团队帮助收集数据外，普通员工收集数据是非常困难的。决策层想实现数据的上传下达也是比较困难的，一是无法保障数据安全，容易发生数据泄露，二是口头沟通的内容容易丢失。

数据协同通过行政级别的极限控制来保障数据安全，对不同类型的数据进行用户角色标签的设置，为不同用户角色建立个性化的数据资产，通过线上的各类渠道实现数据间的分享。

3. 提升数据意识

数据协同帮助企业整合碎片化的信息实现数据普惠，有了数据的支撑，企业应该鼓励员工在汇报或者日常工作中多"用数据说话"。数据资产的建设是持续的，数据意识的提高也是在使用数据的过程中逐步建立起来的。

4. 效果跟踪

数据分析无论用于汇报还是过程追踪，都不应该仅是一次性的静态数据分析，需要持续地追踪数据的变化情况以发现那些管理中不易察觉的隐患。数据协同提供了数据的实时跟踪和分析能力，通过设定规则实现数据异动的智能分析和实时监控。

（二）数据协同的常用场景

1. 上传下达

决策者从分析数据中发现异常或者制定新的决策，基于数据的圈批通过消息触达到核心管理层以及下级员工。通过数据和待办、工单的关联，督促下级部门进行整合和完善。

2. 部门间数据晾晒

部门间数据晾晒是指各部门在内部群中公开展示各自核心数据的指标和进展，晾晒数据的意义一方面是可以让各部门成员相互看见、相互比较，激发比学赶帮超的氛围；另一方面群成员互相评论、点赞和分享，也可以鼓舞斗志和士气。

3. 基于数据的汇报

日报、周报、月报等是日常汇报和协同的高频途径。在工作日志中能够用数据说话才最有说服力，但在很多企业中数据并不是随手可得的，需要花费大量的时间和人力来收集和汇总。

通过企业数据资产的建设或完善保障数据可用，在日志、文档中能够嵌入这些数据及报表，从而提供更有说服力的汇报。

4. 实时追踪

业务目标可量化才能对员工做出更客观的评估，在协同过程中需要实时追踪数据的变化，通过订阅和推送让员工感知数据的变化，实时改变业务策略。

四、数据决策

从数据管理的流程来看，应用是数据化管理的核心，不能应用到业务层面的数据分析是没有意义的。数据决策的价值在于依托数据分析、协同，实现对业务的洞察和建议，支持决策的科学化，具体来说，数据决策的意义包括以下方面。

（一）量化管理

无论是传统零售还是电子商务，大部分管理工作都是可以量化的。例如，绩效KPI就是对日常业务的一种量化管理。

（二）数据化管理

数据分析本身不能产生业绩或效率，只有将数据分析结果作用于实际的业务决策之中，并指导业务实现降本增效，这才能视为数据分析的效益和价值。管理者在管理过程中一直能借助数据做判断和分析，这就是数据化管理的思维方式。

（三）数据预警

每个业务中心都可以建立独立的数据化管理体系，建立自己部门的追踪及预警机制，从而达到降低成本和节约费用的目的。

（四）组织管理、部门协调的工具

对于同样一个指标，不同的部门可能提供不一致的数据，这既浪费资源，也不利于标准化管理。与数据有关的信息传递尽量按如下的原则来做，这样会大大提高组织及部门间的效率。

（1）提供正确且有效的数据给对方。

（2）不仅提供数据，还尽可能提供数据结论。

（3）对结论进行必要的补充说明，将论证逻辑告诉对方。

（4）建立业务管理模板共享机制。

（五）管理者决策的依据

做决策是管理者的一项重要管理职能，但作出准确决策并不是一件容易的事，管理者在决策时离不开信息和数据，数据的数量和质量也直接影响到决策水平，决策过程中如果能够尽可能获取到必需的数据，管理者决策的科学性将更高。

第四节　数据安全管理

数据安全管理是计划、制定、执行相关安全策略和规程，确保数据和信息资产在使用的过程中有恰当的认证、授权、访问和审计等措施的一套管理模式。有效的数据安全策略和规程要确保合适的人以正确的方式使用和更新数据，并限制所有不恰当的访问和更新数据。

一、数据安全的工作范畴

有效的数据安全管理能建立审慎的安全治理机制，所有利益相关者都能在日常运营过程中自然遵守这些制度。具体来说，数据安全工作一般包括如下内容。

（一）理解数据安全需要和监管要求

实现企业内部数据安全首先需要对业务要求进行透彻的了解。企业使命和业务战略直接影响着数据战略，必须将其作为规划数据安全策略时的指导因素。企业的业务要求决定了数据安全要求的严格程度，企业规模和所属行业对此影响很大，不同行业的监管要求不同，同时，越是规模大的企业，数据安全的重要性也越高。

数据安全管理员需要关注企业业务流的运转，业务工作流中的每一个事件都有自身的安全要求，企业使用的软件工具、应用程序包和 IT 系统的管理等，也需要进行及时和准确的评估。

另外，数据安全管理员需要及时跟进了解外部的监管要求，包括新的数据安全法律法规等。在新媒体时代，企业还必须重点关注与企业数据安全相关的网络舆情、案例等，建立起针对数据安全舆情的响应机制。

（二）定义数据安全策略

通常企业 IT 安全战略和数据安全策略同属于企业综合安全策略，但实际上数据安全策略是以数据为中心的，其管理方式更加精细化。定义目录结构和身份管理框架可以是 IT 安全策略的组成部分，而定义个别应用程序、数据库角色、用户组和密码标准则是数据安全策略的一部分。

数据安全策略需要 IT 安全管理员、数据管理专员、内部和外部审计团队以及法律部的协同努力。

（三）定义数据安全标准

数据安全需要满足保密要求，当前还没有统一的方法和机制。企业和组织应设计

自己的安全控制措施，并证明这些措施符合法律法规要求，同时要记录这些措施的执行情况。

企业和组织的管理者和监管者都需要关注数据访问、隐私和保密性要求，结合这些要求，企业和组织可制定实用的、可执行的数据安全策略以及数据安全指导原则。

（四）定义数据安全控制措施

实施和管理数据安全策略是安全管理员的职责，数据库安全往往是数据库管理员的职责。企业和组织必须适当控制这些岗位职责，以满足相关法律法规的要求。控制体系需要建立审批流程，与跟踪所有用户权限请求的变更管理系统相对照，以验证分配权限。

（五）管理用户、密码和用户组成员

在权限管理体系中，管理员几乎不会把权限直接赋予用户，而是通过角色来赋予用户，因为用户拥有某一种权限是因为用户扮演着某一种角色。如"司机"这一角色组，管理员为这个角色设置一系列"司机"岗位应具有的权限，并后续将所有的"司机"用户加入该角色组来快速授予用户权限。除了角色的权限组，也还有其他类型的用户组，部门也是一个组，是指在这个组内的成员用户具有相同的资源权限。

安全管理员创建、修改和删除用户和用户组的行为，需要一定级别权限的审批来控制，包括对用户组的权限配置、用户组成员的变更、用户组的划分等。整个过程要通过变更管理系统跟踪控制。

在异构环境中，每个系统拥有一套用户账户体系和角色组体系，例如，A系统和B系统均有"司机"这个角色，"小王"这名员工在A系统和B系统各有一套账号，这对后续的数据一致性是一个巨大的挑战。用户信息被冗余存储在多个位置，这些数据孤岛之间经常冲突，为了避免数据完整性的问题，应通过账号集成的方式做统一账户管理，集中管理用户身份数据和角色组成员数据。

在信息化时代，每个用户在不同的平台、应用系统都有不同的账户和密码，这种方式要求用户管理多套密码和账户，不便之处不言而喻。当下主流的方案是"单点登录"的方式，在平台上通过建立账号同步机制，用户用一套账号和密码完成登录后，进入其他系统的认证和授权工作都由用户目录引用自动完成，实现自动登录。

（六）监管数据视图和管理员权限

视图是允许多个用户查看同一数据而有不同的展示，可以利用视图来控制对敏感数据的访问。例如，几个用户正在访问关于职员的数据表。部门经理可以看到部门职员的数据，但看不到其他部门中职员的数据。招聘专员可以看到所有职员的聘用日期，但看不到他们的薪水；财务人员可以看到薪水，但看不到聘用日期。这些人观看的数据都是从职员数据表而派生的视图，每个视图都显示为一个专属名称的表。视图为数据安全提供了一个重要机制，它可以限制数据到某一列，可以适用密级更高的列限制访问的情况。

权限安全通过视图可以获得精准的管控，但当存在共享或服务账户时，系统访问的控制级别会降低，另外，有些组织在配置监控系统时，会忽略这些管理员账户有关的任何警报，让这种风险变大。所以，数据管理员需要充分评估这些管理员账户的安全风险。

（七）监控用户身份认证和访问行为

监控认证和访问行为是至关重要的，因为它提供了谁在链接和访问信息，它还会提醒安全管理员一些意料之外的情况，弥补数据安全规划、设计和实施中的遗漏之处。监控活动有助于检测到异常或可疑的交易，方便进一步调查和解决问题。执行监控可以是主动的方式，也可以是被动的方式。

自动化系统配合一定的人工检查，一般来说是最佳监控方式。一些如工资、财务数据等保密信息的系统，需要实施积极的实时监控措施，只要观察到可疑活动或不当访问，实时监控就可以及时提醒安全管理员或数据管理专员。

被动监控一般用于跟踪系统伴随时间的推移产生的变化，定期抓取系统当前状态快照，对照基准或标准进行趋势分析。自动监控增加了底层系统的资源消耗，近些年，技术的进步降低了自动监控在资源消耗上的关注，但监控系统可能仍然会影响系统性能。需要多次的配置变更测试，才能找到最佳的监控配置参数。可以在多个层面或数据接触点执行监控：

（1）应用程序监控。

（2）对某些用户和角色组实施监控。

(3) 对某些权限实施监控。

(4) 用于数据完整性验证监控。

(5) 对配置和核心元数据验证实施监控。

(6) 对跨异构系统依赖关系检查实施监控。

(八) 划分信息密级

划分信息密级是数据安全管理的基础工作之一，大多数企业对文件和报告等信息划分了密级，典型的密级分类模式包括以下 5 个等级。

(1) 公众级：信息可以提供给任何人，包括普通公众，一般公众级是默认分类。

(2) 内部使用：信息限制在员工或组织成员中，但如果共享到其他人，风险也不大，通常仅供内部使用，可演示或讨论，但组织以外不得复制。

(3) 机密：资料不应共享给组织外部，客户机密信息不应该共享给其他客户。

(4) 受限机密：信息受限，承担某些角色的个人按需知密。

(5) 注册机密：这类信息高度机密，接触该信息的人都必须签署法律协议才能访问数据，并承担保密职责。

此外，还需要为数据库、表、列和视图分级，信息密级的划分是元数据最重要的属性，指导如何赋予用户存取权限。

(九) 审计数据安全

审计数据安全是一项控制活动，负责经常性分析、验证、讨论、建议数据安全管理相关的政策、标准和活动。审计本身是一项管理活动，是就实际工作细节进行分析的工作，可以由组织内部或外部的审计人员来执行。审计的目标是为管理层和数据治理部门提供客观中肯的评价、合理的建议。

对于有效的数据安全管理而言，没有什么可以替代数据安全审计工作，审计是一个支持性、可重复的过程，应当有规律、高效地持续执行数据安全审计工作。审计的基础是数据安全策略声明、标准文档、实施指南、变更请求、访问监控日志、报表输出，以及其他电子和书面记录等。除了评审现有的证据，审计还需要执行一些系统的测试和检查。一般数据审计工作的内容包括：

(1) 按照最佳实践和需求，分析数据安全策略和标准。

（2）分析实施规程和实际做法，确保数据安全目标、策略、标准、指导方针和预期结果相一致。

（3）评估现有标准和规程是否恰当，是否与业务要求和技术要求相一致。

（4）验证机构是否符合监管法律法规要求。

（5）检查安全审计数据的可靠性和准确性。

（6）评价违背数据安全行为的上报规程和通知机制。

（7）评审合同、数据共享协议，确保外包厂商和外部供应商切实履行他们的数据安全义务，同时保证组织要履行自己应尽的义务。

（8）向高级管理人员、数据管理专员以及其他利益相关者报告组织内的数据安全状态，以及组织的数据安全实践成熟度。

（9）推荐数据安全的设计、操作和合规改进工作。

（十）外包项目安全管理

企业和组织可能会选择外包某些 IT 职能，如批量操作、应用程序开发、数据库管理等，有些企业和组织甚至把数据安全管理都进行外包。虽然几乎任何工作都可以外包，但与工作相关的责任必然是由管理者来自行承担的。

外包 IT 运营给数据安全管理带来了额外的挑战和职责，外包合同必须详细定义每个角色的职责。

任何形式的外包都增加了组织的风险，包括对技术环境和数据处理人员丧失控制的风险。数据安全风险涉及外包厂商，任何数据安全措施和流程必须考虑到源自外包厂商的风险。外包厂商的风险不再是外部风险，也要作为内部风险来对待。

外包过程的控制，不仅仅是问责机制，还要求有更严格的风险管理和控制机制。这些机制包括：

（1）服务水平协议。

（2）外包合同中的有限责任条款。

（3）外包合同中的审计权力条款。

（4）明确定义违反合同义务的后果。

（5）来自服务供应商经常性数据安全报告。

（6）供应商系统的独立监控活动。

（7）更加频繁和深入的数据安全审核。

（8）与服务供应商持续沟通机制。

即使外包IT的运营工作，责任主体也仍然是企业和组织内的负责人，因此其需要在外包协议中规范各方与安全相关的履约机制。

二、数据安全法律法规

近年来，互联网领域的数据安全事件频出，国内外对数据安全、隐私保护等提出了严格的要求。我国数据安全相关的法律法规持续完善，《中华人民共和国数据安全法》于2021年9月施行，《数据出境安全评估办法》于2022年7月出台，企业需要及时跟进并严格遵守。作为企业数据管理的从业人员，首先需要详细了解数据安全的相关法律法规，同时对出现的数据安全典型案例进行学习研究，对照自查，防患于未然。

数据安全是一个笼统的概念，具体来说，包含个人数据、商业数据、公共数据等范围，厘清监管的数据类型和数据概念，是数据合规的基础。法律法规针对不同的数据给出了范围的界定，见表4-2。

表4-2　　　　　　　　　　数据安全的法律定义

类型	定义
国家核心数据	关系国家安全、国民经济命脉、重要民生、重大公共利益等的数据
重要数据	一旦遭到篡改、破坏、泄露或者非法获取、非法利用，可能直接影响国家安全、公共利益或者个人、组织合法权益的数据
公共数据	公共管理和服务机构在依法履行公共管理职责或者提供公共服务过程中产生、处理的数据
企业数据	企业自身产生的财务数据、管理数据及运营数据等
个人数据	以电子或者其他方式记录的能够单独或者与其他信息结合识别特定自然人身份或者反映特定自然人活动情况的各种信息

三、构建数据管理架构

建立健全完善的数据管理架构，做好数据安全相关的机制和监管实施，遵守法律法规的规定，是做好数据管理的基础工作。

数据治理有许多不同的模式。为了让所有的利益相关方都了解情况，共同决策和风险控制的需求驱动大多数组织采用了典型的数据治理模式。

数据管理专业人员负责管理数据政策、标准和规程，管理和实施数据架构，保护数据资产和利益相关者的利益，并提供数据管理服务。其中，数据管理制度和数据管理服务之间的职责分离，前者是数据管理的"立法和司法者"，后者是"执行者"，一定程度上，二者分离后实现了检查和制衡机制。

每个企业和组织都应遵守政府和行业法律法规，这些与数据安全相关的法律法规规定了数据和信息如何进行合规管理。数据管理的部分职能就是监督并确保合规。事实上，合规性往往是实施数据管理的初始原因。数据管理指导实施适当的控制措施，以确保记录和监控数据相关的法规得到了遵从。

思考题

1. 你所在的组织，正在如何实现数据化管理？结合数据化管理的4个层次设计优化方案。

2. 以某个客户的业务场景为案例，结合数据分析的8个步骤，梳理客户数据分析需求在企业内落地的方案。

3. 结合数据安全法律法规和数据安全的典型案例，梳理你所在组织数据安全的潜在风险点。

4. 以某个客户为例，结合完善数据治理的思路，提出在该客户中完善数据管理链路可落地的具体措施。

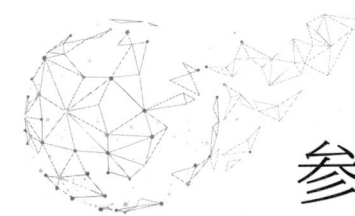

参考文献

［1］斯蒂芬·P. 罗宾斯，玛丽·库尔特. 管理学［M］. 13版. 北京：中国人民大学出版社，2017.

［2］肖利华. 数智驱动新增长［M］. 北京：电子工业出版社，2021.

［3］斯蒂芬·P. 罗宾斯，蒂莫西·贾奇. 组织行为学［M］. 18版. 北京：中国人民大学出版社，2020.

［4］周剑. 数字化转型架构与方法［M］. 北京：清华大学出版社，2020.

［5］张建锋. 数智化敏捷组织：云钉一体驱动组织转型［M］. 北京：人民邮电出版社，2022.

［6］赵兴峰. 数字蝶变：企业数字化转型之道［M］. 北京：电子工业出版社，2019.

［7］朱文海. 制造业数字化转型的系统方法论［M］. 北京：北京大学出版社，2021.

［8］黄成明. 数据化管理：洞悉零售及电子商务运营［M］. 北京：电子工业出版社，2014.

［9］数据管理协会. DAMA数据管理知识体系指南［M］. 北京：机械工业出版社，2020.

后 记

近年来，我国深入实施数字经济发展战略，不断完善数字基础设施，加快培育新业态新模式，推进数字产业化和产业数字化取得积极成效。数字经济为经济社会持续健康发展提供了强大动力。

国务院印发的《"十四五"数字经济发展规划》指出，大力推进产业数字化转型首先就是加快企业数字化转型升级，引导企业强化数字化思维，提升员工数字技能和数据管理能力，全面系统推动企业研发设计、生产加工、经营管理、销售服务等业务数字化转型。支持有条件的大型企业打造一体化数字平台，全面整合企业内部信息系统，强化全流程数据贯通，加快全价值链业务协同，形成数据驱动的智能决策能力，提升企业整体运行效率和产业链上下游协同效率。实施中小企业数字化赋能专项行动，支持中小企业从数字化转型需求迫切的环节入手，加快推进线上营销、远程协作、数字化办公、智能生产线等应用，由点及面向全业务全流程数字化转型延伸拓展。围绕应用层的技术实践、管理场景的转型探索都是数字化管理师发挥社会价值的重要方向。

与此同时，我国数字经济发展也面临一些问题和挑战：关键领域创新能力不足，产业链供应链受制于人的局面尚未根本改变；不同行业、不同区域、不同群体间的数字鸿沟未有效弥合，甚至有进一步扩大趋势；数据资源规模庞大，但价值潜力还没有充分释放；数字经济治理体系需进一步完善。我国没有完整地走过信息化过程直接进入了数字化时代，在供给侧缺乏足够的软件人才和实践的沉淀，在应用侧也缺乏大量具备信息化、数字化理念的人才来推进应用落地和应用迭代。数字化管理师作为一种复合型、应用型的专业技术人才在全社会层面普及和覆盖，将加速各行各业的数字化进程。

以《人力资源社会保障部办公厅 市场监管总局办公厅 统计局办公室关于发布人工智能工程技术人员等职业信息的通知》（人社厅发〔2019〕48号）为依据，在充分考虑科技进步、社会经济发展和产业结构变化对数字化管理师专业要求的基础上，以客观反映数字化管理的发展水平及其对从业人员的专业能力要求为目标，根据《数字化管理师国家职业技术技能标准（2021年版）》（以下简称《标准》）对数字化管理师职业功能、工作内容、专业能力要求和相关知识要求的描述，人力资源社会保障部专业技术人员管理司联合钉钉科技有限公司组织有关专家开展了数字化管理师培训教程（以下简称教程）的编写工作，用于全国专业技术人员新职业培训。

本教程共分为4册，分别是《数字化管理师基础知识》《数字化管理师（初级）》《数字化管理师（中级）》《数字化管理师（高级）》。在使用本系列教程开展培训时，《数字化管理师基础知识》需要初级、中级、高级都掌握；初级、中级和高级培训按需要选择合适级别的教程。

本教程读者为大学专科学历（或高等职业学校毕业）以上，具有较强的学习能力、计算能力、表达能力及分析、推理和判断能力，参加新职业培训的人员；需要按照《标准》的职业要求参加有关的课程培训，完成规定学时，初级60标准学时，中级90标准学时，高级120标准学时。

本教程编写过程中，得到了人力资源社会保障部等相关部门的正确领导，得到了令狐荣茂、阳婷、郑励、程川、崔永志、单宇恒、窦志铭、谢柏芳、刘瑞、唐艺珊、余超、胡喆、李铁、刘志勇、黄志宏、党洪彪、安伟、张淑英、刘超、潘雅静等专家学者的大力帮助和指导。同时参考了多方面的文献，吸取了许多专家学者的研究成果，在此表示由衷感谢。

由于编者水平、经验和时间所限，本书的不足和疏漏之处在所难免，恳请广大读者批评与指正。

本书编委会